철학으로의 초대

철학으로의
초대

뜻밖의 생각

민이언 지음

미드나잇 인

"삶을 사랑하는 철학은 변화하는 건강상태를 횡단하는
변모의 예술이다. 그리고 건강은 단지 보유하는 것만이 아니라
끊임없이 새롭게 획득하고 계속 획득되어야만 하는 그런 것,
삶을 변화시키는 예술로서의 철학, 그것이 바로 삶에 대한 사랑,
지혜에 대한 철학이다."

- 니체

관성으로부터의 자유

TV를 잘 보지 않는 편이지만, 제한된 시간 내에 한정된 재료로써 경연을 펼치는 한 예능프로는 클립영상으로나마 챙겨보는 편이다. 셰프들이 즉흥적으로 연출해내는 조리의 향연은 결코 처음 도전해 보는 레시피들은 아닐 것이다. 요리에 관한 오랜 이력을 증명하는 '순간의 조합'이라고 해야 맞지 않을까? 더군다나 셰프들은 조리법에만 능통한 것이 아니라, 조리 도구와 데코의 미학 그리고 재료에 대해서도 해박하다. 이미 충분한 경험치가 확보된 조리 방법으로 당일 주어진 조건으로부터 순간의 조합을 찾아내는, 식재료의 '에디톨로지'라고나 할까?

들뢰즈의 철학으로 설명하자면, 기존 것들의 배열과 배

치의 변화만으로도 창조는 가능하다. 무에서 유가 아닌, 기존의 유에서 다른 유를 창조하는 생성, 니체는 이런 행위를 '해석'이라고 표현한다. 그 해석의 결과, 기존의 것들에 대한 해석도 달라진다. 딱히 요리가 될 만한 재료가 아니라고 생각했었는데, 이런 요리가 될 수 있는 가능성을 지니고 있었던 것처럼 말이다. 키에르케고르가 '역전된 기억'이라고 부르는 '반복'의 효과이기도 하다. 재배열의 창조력도 무한한 반복 속에서나 습득이 되는 것이지, 재배열에 대한 순간의 열정만 가지고 가능한 사안이 아니다.

철학과 출신이 아닌 나에겐 아직도 철학이 재미있냐고 물어오는 측근들이 있다. 나의 대답은 항상 '재미없다'이다. 내가 결코 철학자가 될 수 없는 이유이기도 할 것이다. 나는 철학이 재미없다. 그 철학을 가지고서 글을 쓰는 작업이 재미있을 뿐이다. 나에게 있어 철학 자체에 대한 흥미도를 묻는 질문은, 요리사들에게 식재료들의 감별이 재미있느냐고 묻는 경우와 같다. 그건 흥미의 영역이라기보다는 마땅히 갖추고 있어야 할 자격이다.

니체가 표방하는 철학은 '놀이'다. 식재료를 자유자재로 가지고 노는 요리처럼, 생각을 가지고 놀고자 하는 욕망. 조금 더 재미있게 생각하고자, 결코 재미있지만은 않은 철학책을 반복해서 읽어대는 것. 나에겐 철학을 공부하는 유일한 이유다. 내가 생각하는 철학이란 그렇듯 생각의 재료들을 주워 모아 이런 저런 레시피를 만들어보는 '반복'이다. 그 누적된 시간들로 써내려가는 순간의 조합이 평론일 수도, 에세이일 수도, 소설일 수도 있다.

나는 한문학과 중국어를 전공했다. 지적 허영에 이끌려 동양학의 봇짐을 둘러매고 올라탄 오딧세이호, 10년 넘게 서양의 거의 모든 철학을 둘러본 감응은 양가적이었다. 면밀한 논리 체계가 경이로우면서도, 한편으론 철학에 별 관심이 없는 이들과 같은 심정이다. 결국엔 이런 의미인 말을 저렇게까지 어렵게 해야 하나 싶은 회의감.

"외국어를 모르는 사람은, 자기 나라 말에 대해서도 무지하다."

영어 조기 교육을 옹호하는 이야기로 비춰질까 싶어서 인용하기 조심스럽기도 한 괴테의 어록. 아마도 외국어 전공자들은 공감하는 말일 게다. 『잃어버린 시간을 찾아서』의 독일어 번역자이기도 했던 벤야민의 설명을 빌리자면, 모국어는 태어나면서부터 습관화되는 체계이기에 반성적 거리를 확보할 수 없다. 되레 외국어 전공자들의 언어 감각에서 모국어 체계에 대한 보다 디테일한 분석이 가능한 경우들이 있다.

동양학 전공자에게 서양철학은 그런 외국어이기도 하다. 그 여정 속에서 공자와 노자의 심층을 발견하기도 했다. 이미 알고 있다고 생각하는 일상의 지식들도, 그것들의 미처 알지 못했던 이면을 알기 위해서 일상 밖의 세계를 둘러볼 필요도 있다.

"벽돌집을 짓지 말라!"

징기스칸의 유언으로 알려져 있는 이 한 마디가 결국엔 들뢰즈의 철학서사인 '노마드'다. 타성으로부터 탈주하고 관성으로부터 자유로워지라는 것이다. 데카르트의 언어로 잇대자면 '벽돌집을 짓는 목적은 '사유'에 해당하며, 벽돌은 사물의 본성이 공간으로 뻗어 나온 '연장'이다. 우리가 살아가는 구체적인 삶의 장면에서, 저런 개념들이 과연 얼마나 필요한 것일까? 차라리 징기스칸의 유언 한 줄이 모든 걸 담아낸 철학은 아닐까? 물론 다 이유가 있어 존재하는 담론들이며, 이젠 철학의 화법에 익숙해질 대로 익숙해진 나 역시도 그 개념들을 포기하지는 않는다. 그러나 그보다 더 필요한 작업은, 그 철학자가 왜 그런 말을 말했던 것인지에 대한 이해가 아닐까?

이 책은, 절판된 졸저 몇 권을 추려서 리라이팅한 결과물이다. 왜 그렇게 썼을까 싶은 부끄러움을 돌아보면서도, 어떻게 저런 생각을 했을까 싶은 기특함으로 돌아보기도 하는, 나의 지금을 가능케 해 준 과거다. 내게 그런 역량이 있는지 알 수 없지만, 삶의 순간순간 한 번쯤은 곱씹어 볼만한 생각들에 대한 해석을 담아보고자 했다. 철학을 위한 철학이 아닌, 철학 영역 밖에서의 레시피로 활용될 수 있을 정도만을 그러모은 결과물이지만, 필요하다 싶은 곳에선 심도 있는 개념도 피하진 않았다. 때문에 원고 전체를 다시 읽으며 고치고 쳐내는 작업 내내 들러붙었던 문제가 글의 난이도다. 다소 걱정이 되는 페이지들도 없진 않지만, 책을 덮을 즈음에는 생각의 입체감을 완성하는 데에는 도움이 될 수 있길 바라며, 반복된 설명을 달아놓았다.

스스로를 철학자라고 생각하지도 않을뿐더러, 이 원고를 철학의 교재로서 인정받고 싶은 생각도 없다. 그저 세상의 거의 모든 생각을 둘러보는 여행자의 마음으로 써내려간 '노마드'의 기록일 뿐이다. 그로 인해 세상을 바라보는 시각도 많이 바뀌었다. 어느 베스트셀러의 제목처럼 '내가 알고 있는 걸 당신도 알게 된다면', 분명 철학적 사유가 재미있어지는 신비한 경험을 하게 될 것이다.

◆　◆　◆

"텍스트 바깥에는 아무것도 없다."

데리다가 말하는 '텍스트'란 글만을 지칭하는 건 아니다. '콘텐츠'라는 넓은 의미로 해석해도 무방하다. '작품'은 작가의 이력이 전제된 텍스트다. 이를테면 무라카미 하루키의 신작을 구매하는 일에는 이미 그의 네임밸류가 포함된다. 그에 반해 '텍스트'란 그 전제를 걷어버린 내용 자체다. 들뢰즈 식으로 말해보자면, 우리가 마치 그가 누구인지를 몰랐던 것처럼, 그의 작품에서 독해되어야만 하는 잠재적인 것을 찾아내는 경우. 쉽게 말해, 이름표 떼고 평가되는 것.

시 한 편에 대한 감상은 독자마다 다를 수 있다. 그러나 수능의 지문으로 출제되는 시에는 그런 다양성이 허락되지 않는다. 어떤 해석이 왜 정답인지에 대한 부연이 뒤따른다. 텍스트 자체만을 감상하고 써내린 모든 해석이 정답일 수 있는 게 아니라, 텍스트 밖에 존재하는 하나의 정답을 정당화한다.

피카소의 그림이 이해가 가지 않으면, 이해하지 않아도 된다. 그러나 개인적 감흥을 솔직하게 토로할 수 없는 건,

이미 그림 안으로부터 방사되고 있는 권력의 시선이 존재하기 때문이다. 이것은 상당한 예술적 가치이며, 이것을 이해 못 하면 당신의 소양이 부족한 것이라는…. 우리는 이 권력적 시선에 동의함으로써 그 시선들의 일부가 되고자 한다.

그림 바깥에 있는 미학사적 의의가 그 그림의 가치를 부연한다. 교양 있어 보이고자 한다면, 일단 명작이란 전제 하에서 이해의 노력을 덧대어야 한다. 데리다는 이런 권력적 시선을 해체하고자 했던 것이다.

데리다의 질문 하나,

"액자는 그림에 속하는 것인가? 벽에 속하는 것인가?"

벽도 아니고 그림도 아니지만, 그림을 위해서 존재한다. 하지만 그 액자에 담긴 그림은 벽을 위해서 존재한다. 벽도 아니고 그림도 아니지만 벽을 위해서 존재하는 것이기도 하다. 결국 '벽에 걸린 그림'은 벽과 그림이 아닌 것에 의해 실현이 된다. '파레르곤(parergon) 개념은 이렇듯 텍스트의 밖이면서도 텍스트의 안으로 영향을 미치는 주변부라는 뜻이다. 쉬운 예를 들자면 책의 디자인 같은 것이다. 텍스트의 바깥이면서 그 책의 구매도에 영향을 미치는…. 물론 미학이 그저 주변부에 머무는 것이 아닌 도리어 관건이 되는 시절이지만 말이다.

데리다는 안으로 침투하여 부단히도 영향을 끼치는 밖에 대해 이야기하고 있다. 작품도 개인의 취향대로 감상되어지는 바, 그 작품을 그렇게 느끼는 것 역시 '밖'의 기능이다. 같은 글을 읽고서도 서로 다른 해석을 지니게 되는 이유는, 각자에게 선행되어 있는 존재론적 조건으로서 누적된 시간이다. 그 차이의 관점으로 각자의 해석을 읽어 내리는 것. 텍스트 바깥에는 아무것도 없다는 말도 이런 함의다. 그저 텍스트가 있을 뿐이다. 그 저자가 데리다라고 한들 그의 브랜드를 감안하면서 그의 이야기를 노상 수긍할 필요도 없고, 데리다 전공자들의 해석이 모범답안인 것도 아니다.

니체는 철학을 '해석'으로 정의한다. 다양한 해석이 있을 뿐이다. 그리고 그 모든 해석의 다양성들은 존중되어야 한다. 각자 관점에서 바라보는 것, 대상에 투영한 각자의 세계를 바라보는 것이기도 하다. '우리 모두의 단일한 니체는 없으며, 그들 각자마다의 니체를 지닌다'던 푸코의 말처럼, 각자의 프루스트가 있고, 각자의 아렌트가 있고, 각자의 라캉과 들뢰즈가 있다. 물론 그들을 공부하는 방법론이 얼마나 타당하고 어떤 신뢰도를 구비했는가는 또 따져볼 일이지만….

　표지는 조명옥 작가님의 최근작이다. 한 대학에서 문인들과 화가들의 콜라보로 진행한 프로젝트에 편집자로서 참여했던 적이 있었는데, 그때 인연이 됐다. 나는 데리다의 철학이 떠올라서 연락을 드렸던 것인데, 작가님은 푸코의 '헤테로토피아'를 주제로 그린 것이다. 그렇듯 각자의 해석이 있다.

차례

3. 철학과 정신분석

4. 절망에 관한 조금 다른 생각

5. 그들 각자의 이데아

우연에 대처하는
우리들의 자세

모든 순간에, 모든 방식으로

삼각형의 신

《스타트랙 : 더 모션 픽쳐》에서, 엔터프라이즈호는 지구를 향하여 날아오고 있는 거대한 비행물체와의 접선을 위해 출격한다. 수차례의 교신 끝에 대원들은 그것이 의식을 가진 하나의 생명체란 사실을 알게 된다. 그것은 자신의 이름을 '비저'라고 소개했고, 왜 지구로 날아오고 있느냐는 질문에 자신의 창조주를 찾기 위해 우주를 떠도는 중이라고 대답한다.

지구와의 충돌을 막기 위해 비저의 내부로 들어간 엔터프라이즈호의 대원들은 중심부에서 두뇌의 역할을 하고 있던 낡은 탐사선 하나를 발견한다. 문자 o, y, a를 가리고 있던 녹을 지워내고 보니, 'Voyager'라는 단어를 애초의 이름으로 지니고 있던, 300년 전에 인간들이 쏘아올린 보이저 6호가 바로 V-ger의 정체였다.

어떤 과정 속에서 의식을 얻게 되었는지, 어쩌다 거대한 생명체로 변모했는지는 알 수 없었지만, 비저가 찾아 헤맨 창조주는 바로 인류였다. 그러나 비저는 인간의 몸에 영혼이 깃들어 있다는 사실을 '논리적이지 못한' 것으로 받아들인다. 그의 상식으로는 영혼이란 자신과 같은 기계들만이 지닐 수 있는 것이었기 때문이다.

스피노자는 삼각형에게 신이 있다면 그 모습은 삼각형일 것이라고 말한다. 『에티카』 1부 공리 4, 결과에 대한 인식은 원인에 대한 인식에 의존하고 원인에 대한 인식을 함축한다. 결과는 원인 단계에서부터 이미 정해져 있는, 전제의 관성이다. 비저의 입장에서 신은 자신과 같은 기계의 모습이어야 마땅했다.

보이저가 자신의 지평 내에서 기계적 신을 사유할 수밖에 없듯, 인간 역시 지극히 인간중심적인 범주 내로 한정지은 신을 믿고 살아간다. 어떤 신을 믿고 살아가든, 걱정과 불안을 다독여 줄 수 있는 신앙이라면야 문제될 것이 없지만서도, 인간을 기준으로 한 한계이다 보니 인간의 美와 善

에 봉사하는 신이 될 수밖에 없었다. 실상 신에 대한 불경이라고 판단되는 모든 행위가 신의 입장에서 정리된 것은 아니다. '보시기에 좋더라' 역시 결국 인간의 눈에 보기 좋은 것들에 대한 찬탄의 메아리일 뿐이다.

철학자의 사과나무

내일 지구의 종말이 온다할지라도 한 그루의 사과나무를 심겠다는 말로도 유명한 스피노자. 그러나 이 어록의 저작권은 마르틴 루터에게 있다. 아이제나흐(Eisenach)라는 독일의 한 시골마을에는, 이 글귀가 새겨진 루터의 기념비가 한 그루의 사과나무 그늘 아래 세워져 있다. 그렇다면 도대체 왜 우리는 이 어록을 스피노자의 것으로 기억하고 있는 것일까?

어록의 화자(話者)를 정확히 규명하는 작업보다 중요한 사안은, 어록이 담고 있는 함의일지도 모르겠다. 살면서 맞닥뜨리는 우연의 순간마다 절실한 필연을 기도하는 인간의 삶, 그 우연과 필연을 모두 위로하는 스피노자의 철학을 담고 있다는 점에서, 흔히 알려진 대로 이 어록을 그냥 스피노자의 것으로 간주해도 무방할 듯 싶다. 세상의 종말 앞에서도 그저 한 그루의 사과나무를 심는 행위가 스피노자의 입장에서는 신을 향한 기도나 다름없다.

스피노자가 논리적으로 증명해낸 신은 인간의 형상을 하고 있지 않다. 인간은 결코 신의 모습으로 창조되지 않았다. 인간은 그저 신의 속성으로 뻗어 나온 한 표현에 불과하다. 인간뿐만이 아니라 신에 의해 창조된 만물 모두가 신의 속성을 나누어 가진 신의 표현들이다. 하여 그 모두를 사랑하시되 그들이 살아가는 세상사에 직접적으로 관여하시진 않는다. 자신의 속성을 부여받은 그 모든 것들이 이미 신성의 존재들이기 때문이다. 기독교를 믿는다 하여 구원을 하시는 것도 아니고, 이슬람교를 믿는다 하여 편애하는 것도 아니다. 인간을 위한다는 명분 아래 다른 생명을 일용할 양식으로 허락하신 적도 없으며, 자연 위에 군림할 수 있는 권능을 인간에게 부여하신 적은 더더욱 없다. 그저 자신의 속성으로 살아가는 만물의 의지를 지켜보실 뿐이다.

만물의 속성들이 다시 합쳐져 신으로 환원된다면, 과연 어떤 모습일까? 무한의 속성에 일정한 형태가 있을 수 없을 뿐더러, 실상 '무한'이라는 인간의 언어 개념조차도 들이밀 수가 없는 절대적 존재다. 때문에 인간의 지평으로는 결코 신을 사유할 수 없다. 다만 우리처럼 신의 속성을 나누어 가진 신의 표현들만을 이해해 보는 노력을 기울일 수 있을 뿐이다. 인간의 지평 내에서 인식할 수 있는 신의 모습은, 바로 자연 그 자체의 생명력이다.

지구의 종말이 정말로 신의 뜻인지, 아니면 자연의 일부로서 맞이하게 되는 소멸인지조차 우리의 판단력 밖의 사안이다. 내일이 우리의 마지막 날이라 할지라도 실상 우리가 할 수 있는 일은 아무것도 없다. 그저 한 그루의 사과나무에 담겨진 신의 표현을 관망하면서, 신의 한 표현으로서의 시간을 마무리하는 것 이외에는….

선악과를 따지 말라는 신의 명령은, 정작 선악과의 존재 자체를 모르고 있던 최초의 인류에게는 도리어 자신들이 선악과를 딸 수도 있다는 가능성을 제시한 사건이기도 했다. 열매를 먹으면 반드시 악이 따르게 될 것이란 신의 경고가, 이미 선과 악에 대한 인간의 선택적 자유를 포함하고 있었다. 그렇다면 신이 인간에게 선택의 가능성을 부여한 동시에 박탈하는 모순이기도 하다. 더군다나 선악과를 먹은 후에 비로소 선악을 구분하게 된다는 논리대로라면, 신이 금지한 것에 대한 위반행위가 죄악이라는 사실을 판단할 지력조차 없는 상태에서 저지른 사건이기도 하다. 신의 시험이었다고 한들, 완벽의 존재가 아담과 이브의 결과를 몰랐을까? 사건을 통해 각성을 거듭하는 존재라면 신에게 '완벽'이라는 수식은 어울리지 않는다. 그렇다면 이 허술한 전개는 완벽의 존재가 실제로 행했던 사건이 아니다.

'어떤 것을 안다는 것은 그것이 어떻게 산출된다는 것을 아는 것'이다. 인과에 대한 명확한 규명이 이루어졌을 때 비로소 그것을 안다고 할 수 있다. 인과의 관계를 이해하지 못하는 지평은 엉뚱한 곳에서 원인을 찾아 헤맨다. 웃긴 건, 그 엉뚱한 곳에서 기어이 원인을 찾아내고야 만다는 점이다. 가령 바이러스에 대한 이해가 부족했던 시절에 전염병의 원인을 마녀에게서 찾아낸 경우와 같다. 실상 마녀와 전염병 간의 인과가 증명되는 것은 그다지 중요하지 않은 문제였다. 현상을 설명할 수 있는 가탁의 이유가 존재한다는 사실이 보다 중요했다.

스피노자는 통치도구로서의 실효성을 발휘하는 허상적 진리들의 모순을 논리적으로 파헤친 철학자다. 당대 기독교 사회가 신봉하고 있던 가장 큰 미신은 바로 기독교 자체였다. 신은 인간이 복종하고 말고의 대상이 아니다. 불완전한 존재들에게 완벽의 존재는 결코 인식의 대상이 될 수 없다. 신에 대한 원죄는 물론이거니와 신에 의한 계시의 존재여부조차 우리가 판단할 수 있는 사안이 아니며, 신을 빌미로 인간이 자행되는 모든 사건들 역시 신의 뜻이 아니다. 그 모두가 인간의 상상력으로 지어올린 욕망과 변명에서 비롯된 믿음일 뿐이다.

사후체험의 간증들에 등장하는 저승사자의 모습은 서양인과 동양인의 경우가 서로 다르다. 그것이 정말로 사후체험인지에 대한 확증도 없지만, 사후라는 시간조차도 각자의 문화로 살아왔던 삶의 시간을 투영하는 것이다. 우리는 우리의 해석을 경험하는 것뿐이며, 성령체험이란 것 역시 신을 체험하는 것이 아니라 그저 자신의 신앙을 체험하는 것에 지나지 않는다. 인간은 신의 모습대로 창조되지 않았다. 인간이 인간의 모습대로 신을 상상하고 있을 뿐이다. 우리가 취할 수 있는 유일한 소통 방식은 그저 신을 사랑하는 것일 뿐, 신의 뜻을 해석하고 대리하는 일이 아니다. 이렇듯 유대인의 유일신에게 메스를 가한 신학이 유대인 출신의 철학자가 유대 사회에 던진 파문(波紋)이었으며, 초연하게 그리고 기꺼이 유대사회로부터 파문(破門)을 당해 준 스피노자였다.

도대체 누가 무신론자인가?

스피노자는 묻는다. 신이 세계를 창조했다면, 신은 세계의 바깥에서 이 세계를 창조한 것인가? 그렇다면 신이 딛고 있는 그 바깥은 과연 누가 창조한 것일까? 그 역시 신 그 자신일 것이다. 신이 딛고 있는 곳은 도대체 어디를 딛고 창조한 것이란 말인가. 신은 안과 밖을 구분해 존재하는 인격적 개념이 아닌, 곧 세계 그 자체라는 설명이 보다 논리적이지 않겠는가? 혹 말장난에 불과하다고 따져 묻는 이들도 있을 것이다. 스피노자는 이런 논리적 모순에도 제대로 된 답변을 내놓지 못하는 지평으로, 어찌 논리 바깥의 존재에 대한 이런저런 이야기를 떠들어 댈 수 있는가를 따져 묻고 있는 것이다.

스피노자가 당대 기독교인들을 진단하길, 그들은 '무엇 때문에?'라는 질문을 '무엇을 위해서?'라는 질문으로 바꾸어 세계를 충분히 설명했다고 믿는다. 그 결과, 신이 창조한 앞날의 것들은 뒤에 창조된 인류를 위해 존재하게 됐다. 만물을 인간중심적 목적론으로 배치하면서 인간의 존재 의미에 대한 대답으로서의 신을 상상했다. 신은 왜 인류에게 그런 은혜를 베푸는가? 인류에게 감사의 예배를 받으려고…. 스피노자는 이런 유아(唯我)적 믿음을 '무지로의 도피'라고 표현한다.

"그렇게 그들은 원인의 원인에 대한 질문을 멈추지 않고 계속해 나간다. 당신들이 신의 의지 안으로 도피할 때까지, 무지의 도피처에 이를 때까지 말이다."

자연현상의 원리를 이해할 수 없었던 시절의 인류에게, 그것을 신의 결과로, 그리고 자신들을 위한 목적성으로 이해하는 것이 가장 수월한 해석이었다.

자연을 채취하고 사냥하며 살았던 시대에는, 남성들이 마을 밖에서 사고를 당하는 일이 빈번했기에, 마을은 여성 중심의 모계사회 체제로 운영되었다. 때문에 여신을 모시는 신전을 중심으로 번성해 간 도시들이 많았다. 수메르 문명에는 그런 관습이 있었단다. 하늘에서 내리는 비가 여신의 땀이라고 믿었던 터, 여사제의 기우제는 신전에서 기도를 드리러 온 남성과의 성행위로 땀을 흘리는 것이었다. 땀을 흘릴 일이 그것밖에 없는가의 반박은, 일단 그렇게 가닥이 잡힌 체계 안에서는 무의미하다. 여성들은 신전 앞에서 헌금을 내는 남자와 성행위를 하는 것을 신성으로 받아들였다. 다시 말해, 신앙의 목적으로 성매매가 이루어졌던 것. 물론 그 돈은 그 공동체의 복지를 위해 쓰였지만, 그 결과물로 탄생한 아기들을 제물로 바쳐졌다. 인간의 이해대로 예배의 방식과 제물을 택했던 것.

분명 신앙의 악습이지만, 스피노자가 논증하듯, 그 시대의 전제가 어떠하냐에 따라 악도 선의 명분을 갖출 수 있다. 아기를 바치는 것, 그에 관한 믿음으로 그 공동체의 공동선이 증진될 수 있었다. 아브라함이 왜 어린 이삭을 제물로 받치려 했을까? 그것이 신의 시험이었을까? 관습의 역사에 대한 사후적 해석일까? 그것을 멈추게 한 천사의 계시로써 새로운 도덕의 시대가 열렸다는 상징은 아닐까? 이런 논증이 니체의 『도덕의 계보』로까지 이어진다.

자연은 신의 표현물이다. 자연의 일부인 인류 또한 신의 한 표현이다. 발자국만으로 신발 전체를 증명할 수는 없는 일임에도, 신의 발자국들은 자신들에게 찍힌 흔적으로 신의 전체를 상상했다. 그 결과, 인간의 목적에 부합하는 신에게 가탁하고 신의 권위를 참칭한다.

우리에게 이해 가능한 범주는 창조된 것들에 관해서이지, 창조의 원인 자체에 대해서가 아니다. 한낱 인간의 지평으로 이해될 신이라면, 그것이 절대적 존재이겠는가? 우리가 이해할 수 없는 신이 더 절대적 존재가 아니겠는가?

도대체 누가 유신론자이고 누가 무신론자인 걸까?

각자의 인생방정식

예정되어 있는 조화

포켓몬스터는 저마다의 몬스터볼 속에서 대기하고 있다가, 주인의 소환명령이 있을 때면 언제든지 포켓을 박차고 나오는 '서번트'들이다. 이 포켓몬스터들은 시간이 지나면서 각성에 의한 진화를 이루어낸다. 원작이 제시하고 있는 진화 조건을 배재한 채, 진화라는 사건만 놓고 본다면, 이런 질문을 던질 수 있다. 진화는 몬스터볼 속에서부터 지니고 있던 운명적 DNA가 펼쳐 놓은 서사였을까? 아니면 맞닥뜨린 우연적 사건으로 인해 우발적으로 이루어낸 질적 도약이었을까? 어느 경우이든 이미 운명에 새겨져 있던 필연의 시나리오로 설명한다면, 우연도 운명의 한 지분으로 자리하게 된다.

라이프니츠의 모나드 이론은, 개인의 인생방정식에 빗댈 수 있다. 존재와 인식에 대한 문제가 늘 관심의 대상이었던 서양철학은, 존재하는 것들의 존재방식을 세세하게 분석해 들어간 끝에 원자 개념을 발명한다. (이때까진 '발명'이었다.) 라이프니츠는 정신의 문제에 원자의 개념을 적용, 더 이상 쪼개어지지 않는 정신의 최소단위를 모나드로 제시했다.

당시는 이미 유럽에 중국의 철학서들이 소개되었고, 라이프니츠는 그것들로부터 팁을 얻는다. 모나드의 모델을 태극(太極)으로 보는 견해도 있지만, 하늘로부터 부여받은 고유의 성(性)에 더 가깝다. 여간해서 변하지 않는 개인의 정체성. 그래서 결코 외부와의 소통에 의해 변질되지 않는, '창문이 없는 단자'로 표현한다.

모나드는 존재방식의 근거일 뿐만이 아니라, 사유의 구조를 담고 있는 DNA 같은 속성이다. 인생론으로 풀자면, 마치 마법사가 들여다보는 유리구슬처럼, 한 인간이 살아가면서 겪을 운명의 일대기가 이미 이 모나드 안에 담겨져 있다.

그 작은 모나드 안에는 주름이 접혀져 있다. 모나드는 주름들이 응축되어 있는 형태이며, 맞닥뜨리는 우연적 사건마다에서 주름으로 접혀져 있던 잠재적 서사들이 하나씩 하나씩 펼쳐진다. '창문이 없는' 닫힌 단자이지만, 고지식함과 완고함으로 굳어져 있는 것이 아닌 변화의 유연성을 내재하고 있다. 그러나 모나드의 성질이 변하는 것이 아니라, 그 변화조차도 이미 모나드의 주름이 잉태하고 있던 필연적 서사다. 그렇듯 필연의 담론이면서도 동시에 우연을 끌어안는 구도다.

소통되지 않는 저마다의 모나드를 지닌 인간들은 어떻게 조화를 이루며 살아가는 것일까?

음악에서의 코드 진행은 어떤 연주자에게도 통용되는 화성학을 기초로 하는 것이다. 학창시절의 음악시간에 배웠듯 1도 화음은 도미솔(C코드)이다. 연주를 하다 보면 때로 그 계열로 분화하는 확장 코드들을 사용한다. C코드의 앞뒤를 채우는 코드 진행에 따라 확장코드로 분화할 잠재성을 C코드 자체가 지니고 있는 것이다.

그렇다면 C코드가 C코드의 잠재성만 지닌 것이냐? 그와 연대하는 다른 코드들과 조화할 수 있다는 건, 어느 정도는 공통분모를 미리 지니고 있다는 이야기다. 악기를 다루시는 분들이라면 보다 이해가 쉽겠지만, C코드가 모나드 개념이라면, 그 계열 안에서 가능한 모든 코드 진행이 주름 개념이다.

악보를 연주하는 각 악기들은 각자의 모나드로 각자의 주름을 펼쳐놓는다. 각 악기들이 즉흥적인 잼을 펼쳐 보일 수 있는 건, 각각의 모나드들이 연대하는 방식이 화성의 세계를 전제하는 조화이기 때문이다.

라이프니츠의 주장은 만물이 프렉탈 성격으로서의 모나드를 지닌다는 것. 각자의 모나드는 각자가 지닌 세계를 표상하지만, 우리 모두가 딛고 있는 전체로서의 성격을 전제하는 각자의 세계이기도 하다.

모나드 이론이 현대사회에 시사하는 바는 메타지식에 관한 것인지도 모르겠다. 개성이라는 것도, 전체에 대한 데이터베이스가 있은 후에나 각자의 속성으로 뻗어 나와야 하는 것이다. 화성에 대한 이해 없이 자신만의 음악을 만든다는 것이 말이 되는가 말이다. 각자의 모나드를 지니란 말이, 비상식적일 정도로 개인의 미학과 신념을 고집하라는 의미는 아닐 터. 전체가 지닌 최소한의 인문을 살핀 이후에야, 직관이란 것도 그 기능성을 발휘할 수 있는 것 아니겠는가?

운명의 주름

소통의 창이 없어도, 우연과 타인으로 인한 변화의 사건 역시 모나드에 미리 기록되어 있기에 문제될 없다. 개개의 단자들이 퍼즐처럼 이가 맞아 돌아가는 세상이며, 신은 일어날 수 있는 여러 가능성 중에서 최선의 경우만을 선사한다. 라이프니츠의 철학은 낭만주의적 성향이 강한 탓에, 철학으로서의 가치에 대한 연구는 활발하지 않았다고 한다. 그의 긍정론은 비판의 대상이 되기도 했지만, 그 가치를 알아보고 새로운 해석을 가한 하나의 함수가 바로 들뢰즈다.

"우리는 여전히 라이프니츠적이다. 중요한 것은 언제나 접기, 펼치기, 다시 접기이므로…."

―들뢰즈

간단한 비유를 들어, 종이학을 접는다고 생각해보자. 한 접선을 경계로 양면이 나뉜다. 그렇게 접선으로 나누는 반복 속에서 형상을 지어 올린다. 바로 이 접선은 종이학이 되기 이전의 과거이면서, 종이학이 될 미래로서의 주름이다. 그러나 종이 자체에는 아직 무엇으로 접혀질 지가 미리 정해져 있지 않다. 종이학이 될 수도, 종이배가 될 수도 있다. 각각의 형상은 각각의 접기 방식을 따른다. 그리고 이는 각각의 경우를 주름으로 잠재하고 있는 모나드에서 비롯된다.

종이학 접는 법을 알고 있다면, 평면의 종이 위에는 종이학이 되기 위한 가상의 주름들이 존재하는 셈이다. 물론 종이를 접는 순간에야 비로소 주름이 생겨나는 것이지만, 우리는 이미 종이에 잠재된 주름의 방향성을 알고 있다. 언제나 초행길로만 내몰리는 인생에 비유하자면, 우리는 종이학 접는 법을 모르는 상태다. 그래도 어떤 식으로든 종이를 접어볼 것이다. 접었다가 폈다가 다시 접었다 피는 반복 속에, 종이학을 완성할 수도 있고 그렇지 않을 수도 있다.

또한 학을 접지는 못했지만, 우연찮게 다른 것을 접는 방법을 터득할 지도 모를 일이다. 무언가라도 완성할 때까지 접어볼 것이냐, 아니면 중간에 포기할 것이냐는 개인의 의지다. 아무것도 되지 못한 종이에는 난잡한 주름만 그어질 수도 있다. 그 시도의 흔적들이 결과인 듯 싶지만, 실상은 내 운명에 미리 예정되어 있는 원인이다.

얼굴에 그어지는 주름은 그 사람이 살아온 일생을 말해주는 흔적이기도 하지만, 미래를 알려주는 관상이기도 하지 않던가. 갓난아기의 이마에도 언젠가는 주름이 생길 것이다. 라이프니츠의 주장은 그 주름이 대천문이 닫히기 전의 갓난 아이 때부터 이미 이마에 잉태되어 있다는 식이다. 그러나 주름이 어떤 식의 흔적으로 남겨질 지는 아직 정해져 있지 않다. 내 선택에 따라 인생의 그래프는 얼마든지 바뀔 수 있다. 그 불확실성을 어떻게 살아갈지에 대한 개인의 의지가 이미 운명에 새겨져 있다.

"모든 술어는 주어 안에 있다."

이 들뢰즈의 어록을 직관적으로 이해하는 이들도 있을 게다. 주어의 성향으로 뻗어 나오는 계열적 조건의 정황이 바로 술어이고, 주어는 이미 술어로 펼쳐질 시간을 접어놓고 있다.

인생의 행로가 어떤 동선의 주름을 그으며 나아갈지, 우리의 얼굴에 어떤 모양의 주름이 생겨날지는, 개인의 모나드 안에 접혀져 있던 주름들이 펼쳐지면서 공개되는 운명의 드라마다. 모나드를 숙명론으로 해설하는 경우가 있지만, 관점에 따라서는 얼마든지 자유의지에 관한 철학으로 해석할 수 있다.

모나드는 창이 없는 성질이지만, 들뢰즈의 해석으로는, 그것은 고립적인 것이 아니라 연대적인 것이다. 모나드는 이렇게 열린 지평을 확보한다. 종이접기도 배운 후에나 체화가 되는 능력이다. 무엇을 접을 수 있는 잠재성도, 배움과 경험으로 현실태가 되는 것. 잠재성이란 것도 이미 무언가를 열심히 하고 있는 이들에게서나 현실화가 가능하다.

우리 안에 내재해 있는 잠재성이란 것도, 우리 바깥에서 도래하는 시간들과의 케미다. 종이가 지닌 모나드는 특정 목적성으로 고착화 된 것이 아닌, 필요에 따라 접히고 펼치면서 잠재성을 여러 가능성으로 표출한다. 종이 바깥에서의 요구가 이미 종이 안에 잠재해 있다. 그렇듯 발전과 계발은 외부에서의 배움을 통해서 발견해낼 수 있는 '내재'다.

모나드 안에는 운명의 지도가 결정되어 있지만, 우리의 의지가 향하는 방향대로 그려져 있다. 하여 매 순간의 우연을 살아가면서도, 돌아보면 지나온 모든 순간은 그토록 필연이지 않던가. 그렇듯 기억은 이미 예언되어 있다. 라이프니츠는 미적분의 발명자라는 사실을 감안한다면, 인생을 미적에 비유할 수도 있다. 각자에게 주어진 모나드는 일종의 방정식이다. 결코 변하지 않는 인생의 방정식은 주어져 있다. 그러나 x와 y에 어떤 값을 넣을 것인가에 대한 자율적 선택이 방정식의 그래프가 지닌 탄력성이다.

신은 완벽한 존재일 것이다. 신에게서 나온 인간은 불완전한 존재다. 그러나 인생이 아름다운 이유는 불완이 지니고 있는 잠재성 때문이기도 하다. 그렇기에 이미 모든 것을 알고 있는 완결의 스토리보다, 아직 무엇을 채워 넣을 것인지 결정되지 않은 열린 결말이 도리어 무한의 미학인 것이다. 신은 인간에게 그런 끝없는 이야기를 허락한다. 태초에 길 같은 것은 없었다. 내가 가는 곳이 곧 길이다. 그런데 우리의 모나드에는 우리가 직접 밟아가며 만들어 낼 길이 이미 기록되어 있다. 평면의 종이 위에 아직 주름은 잡히지 않았다. 그러나 어떤 식으로든 주름은 잡힐 것이고, 모나드 속에는 이미 그 주름들의 형상이 예정되어 있다. 삶에 대한 당신의 사랑과 열정만큼이 당신에게 정해진 운명이다.

우연을 끌어안다

신의 문법

헤로도토스의 『역사』에 등장하는 신탁 하나. 스파르타가 막 펠로폰네소스의 G1으로 부상하던 시기, 아르카디아 지역을 치고자 했던 스파르타에게 내려진 신탁은 '불가'였다. 문제는 다소 애매한 뒷구절에 대한 해석이었다.

"내 그대들이 테게아에서 춤을 추도록 허락할 것이나, 발을 쾅쾅 쿨리면서 드넓은 평야를 줄로 측량하리라."

이에 스파르타는 아르카디아의 다른 도시는 놓아두고 테게아만을 공격한다. 그들은 테게아인을 포로로 잡을 때 사용하려고 포승줄을 가지고 진격해 들어갔으나, 도리어 포로로 잡힌 자신들이 그 포승줄에 묶여 테게아의 들판을 측량하는데 동원되었다.

그렇듯 고대 그리스의 신탁은 해석에 따라 해당 주체와 대상이 달라질 수 있는 은유적이고 중의적인 문장이었다.

飛龍在天 利見大人
날아오른 용이 하늘에 있으니 대인을 보는 것이 이롭다.

『주역』의 해석도 마찬가지다. 그 대인이란 사람이 도대체 누구일까? 또 살다보면 의외의 사람이 귀인일 때가 있지 않던가. 또한 내가 용이었는지, 알고 보니 용을 서포트하는 대인이 나였는지에 대한 해석도 상황과 결과에 따라 달라질 수 있다.

'위편삼절(韋編三絶)'이란 고사는 『주역』에서 연유한다. 공자와 같은 지혜로도 책을 엮은 끈이 세 번이나 떨어질 정도로 다시금 펼쳐볼 수밖에 없었다. 그렇듯 성인(聖人)도 단정 지어 말할 수 없었던 것이 삶의 우연성이다. 공자도 운명에 대해서만큼은 말을 아꼈다. 닥쳐온 우연 앞에서 다시금 펼쳐볼 뿐이었다. 기미와 조짐을 미리 헤아리고서 어찌할 수 있는 것들부터 어찌해 볼 뿐이다.

코페르니쿠스를 마지막 점성술사이자 최초의 천문학자

라고 표현한다. 점술이 철학이고 신앙이고 과학이던 시절에는, 『주역』이 과연 점서인가 철학서인가에 대한, 혹은 도가의 텍스트인가 유가의 텍스트인가에 관한 질문은 무의미했다. 그 덕분에 분서갱유(焚書坑儒)를 피해갈 수 있었던 역사이기도 하다.

아주 오래 전에는 날씨도 점의 영역이었다. 비가 왜 내리는지 모르던 시절에는 그 역시 우연이었다. 하지만 그 시절이나 지금이나, 비가 내릴 조건이 되면 비가 내리는 것이다. 모르는 입장에서는 우연이지만, 이치를 깨달은 입장에서는 과학이다. 지금이야 날씨가 과학의 영역이지만, 날이 좋아서, 날이 좋지 않아서, 봄비 속에서, 여름 안에서, 가을 우체국 앞에서, 눈 내리는 광화문 거리에서의 일들을 과학이 다 해명할 수 있는 것도 아니다. 우리의 삶은 복합적인 인문이니까.

순자(荀子)가 이르길, 『주역』에 통달한 자들은 점괘를 뽑지 않는다. 조짐을 미리 살피고 해당하는 괘의 페이지를 살펴볼 뿐이다. 하지만 뻔히 보이는 먹구름 앞에서는 성현들도 경전보다는 우산을 펼친다. 스스로 반성의 거리를 확보하는 게 보다 중요한 덕목이다.

점을 보는 이유에는 그런 것도 있다. 우리는 욕망 체계 바깥에서의 인식이 가능하지 않다. 하여 자기 생각이 다 맞는 것처럼 느낀다. 때로 가위바위보를 통한 결정이 자신의 독단을 막아주기도 하지 않던가. 자기 확증편향에 브레이크를 걸어주는, 사유의 확장성이라는 효과도 있다.

개인적으로는 이기동 교수의 저서와 강의로 『주역』을 공부했다. 이 분의 저서에는 버스기사와 승객에 대한 비유로 설명하는 페이지가 있다. 구불구불한 언덕길을 올라가고 있는 버스 안에서, 멀미를 하지 않는 사람은 기사와 잠을 자고 있는 승객이다.

버스 기사는 눈으로 길의 방향과 경사를 확인하며 핸들을 돌리기에, 평형감각이 시각으로부터 미리 정보를 전달받고서 대처할 수 있다. 잠을 자고 있는 승객의 평형감각은 방향과 경사의 결에 따른다. 문제는 잠을 자지 않는 승객이다. 기사처럼 시각 정보를 미리 얻을 수 없는 상태는 아니다 보니, 중심을 유지하기 위해 방향과 경사에 저항을 하는 것이다.

삶의 맥을 짚을 줄 아는 감각, 그것이 구비되지 않은 상태라면 흐름의 결에 맡기는 게 낫다. 다시 말해, 열린 생각으로 우연에 대처하란 이야기다. 미련스럽게 자신의 신념만 고집하며 저항하다가는, 토사물을 쏟아낼 수도 있으니 말이다. 치밀한 마스터플랜과 숱한 경험으로도 미래를 장담할 수 없는 마당에, 저 자신만을 설득할 수 있는 자기 미학에만 취해 연실 구토를 해댈 것인가?

그런데 이런 말을 백날 해봐야 소용없다. 신념이 강한 사람일수록, 자신이 삶의 맥을 짚어내는 감각도 좋을 거라는 자기 신뢰를 포기하지 않는다. 구토를 하다하다 탈진에 이르는 한이 있어도, 남아 있는 기력으로 최후까지 저항하는 우리들이기도 하기에….

학문과 미신 사이에서

성리(性理)학이란, 말 그대로 性과 理를 다루는 학문이다. 性이란 자연의 이법(理)이 인간의 품성으로 주어진 개념이다. 그 자체로는 원리에 지나지 않기에, 氣로 뭉쳐 기관으로 존재하는 게 心이다. 性은 순수한 원리다. 그것을 담지하고 있는 心이 외부조건에 반응하는 것이 '정(情)'의 개념이다.

맹자는 '명(命)'이란 단어를, '부르지 않았는데 이르는 것'이라고 설명한다. 내 의지와 상관없이 다가오는 것들이다.

반면 '운(運)'이란 건 항상 움직인다는 의미다. 그래서 사주 팔자를 命이라 하고, 10년 대운과 1년 세운과의 관계를 자연의 이법에서 살피는 것이 명리(命理)학의 원리다.

중국 신화에는 10개의 태양 이야기가 나온다. 지구의 운동 개념을 몰랐던 시절에는, 어제 서쪽으로 진 태양이 다음 날 다시 동쪽에서 뜨는 현상이 신기하기도 했을 터, 10개의 태양이 번갈아가며 뜬다고 상상했던 것 같다. 그게 순(旬, 열흘) 개념이기도 하다.

10진법이야 손가락을 접고 펴는 사이클에서 유래된 것을 짐작할 수 있지만, 12진법의 유래는 1년이 지나고 계절이 다시 돌아올 동안 달이 12번 차고 기우는 것에서 유래한다는 설이 있다.

10천간과 12지신은 인도의 천문학에서 영향을 받은 것이고, 명리의 학문이 통용되는 나라마다 12지신의 동물이 다르다. 불법을 수호하는 12야차대장(十二夜叉大將)을 유래로 보는 설도 있다. 물론 글자마다 고유의 특성을 지니고 있지만, 동물 이름 자체는 단순히 서수에 지나지 않는다. 유치원에서도 햇님반, 별님반, 달님반으로 나누는 기준이 해와 별과 달의 속성은 아니듯 말이다. 월화수목금토일이라는 일주일의 명칭도 그러하지 않던가. 서구에서는 12달의 명칭도 그러하다. 원숭이띠라서 재주가 많은 게 아니고, 호랑이띠라서 드센 게 아니고, 뱀띠라서 잔머리가 좋은 게 아니다.

이건 일제감정기의 잔재다. 일본은 자연재해가 잦다 보니 애니미즘이 발달해 있다. 자연에 깃들어 있는 신성을 달래려는 목적으로 지은 건물이 신도(神道)이기도 하다. 일본의 음양사가 한반도에 들어온 이후 명리와 무속이 변질된다. 또한 산업화가 되다 보니 그 변질의 역사가 양산되는 것이기도 하다.

서정범 교수는 무속인들의 능력을 고도의 정신력으로 설명한 적이 있다. 이미 일어난 사실에 대한 그들의 예측은 비교적 정확하다. 무속인들이 내담자들의 사정을 속속들이 알 수 있는 건, 세상 어딘가에서 이미 일어난 일들이기 때문이다. 그러나 아직 일어나지 않은 미래에 대한 점괘는 무속인들마다 다르다. 전통 무속의 승계자 분들은 전생에 대해서도 이야기하지 않는단다.

농경사회에서는 하늘을 관측하는 일이 중요했다. 자연의 순환과 절기의 변화를 인간사의 흐름에 적용한 것이 명리 이론이다. 그 시대에는 하나의 인문과학적 관찰법이었고, 제자백가에서는 유학의 방계로 분류가 되었었다. 과거

시험에도 잡과라는 영역이 있었으며, 양반가들에게는 겉으로는 드러내지 않아도 필히 알고 있어야 제 목소리를 낼수 있었던 암묵적 필수 인문이기도 했다.

사주팔자의 글자가 지닌 함의는 굉장히 다양하다. 같은 격투 센스를 지니고도 누군가는 건달이 되고 누군가는 격투기 선수가 되듯, 다양한 현상으로 분화한다. 명리학 공부를 오래한 분들일수록, 확신 같은 거 하지 않는다. 어떤 경우의 수로 분화할지는 알 수 없는 일이다. 특히나 생사의 문제로 으름장을 놓는 역술가들을 마주한다면, 그냥 문 열고 나올 것. 공부한 사람만 알 수 있는 권력적 지식이다 보니, 사기꾼도 많다.

목적론적 오류

《벤자민 버튼의 시간은 거꾸로 흐른다》의 여주인공인 데이지는 촉망받는 발레리나로서의 젊은 시절을 보냈지만, 그녀에겐 꿈을 접어야 했던 우연적 사건까지 포함하고 있는 젊은 시절이기도 했다. 그녀의 미래를 가로막았던 사건은 거리에서 당한 교통사고다. 벤자민 버튼의 일기 속에는 이 사건의 순간에 얽히고설킨 서로 다른 우연들의 관점이 서술되어 있었다.

쇼핑을 하기 위해 집을 나선 한 여인은, 외투를 두고 나왔다는 사실을 깨닫고서 다시 집으로 돌아간다. 옷걸이에 걸린 외투를 집어 드는 순간에 때마침 걸려온 전화 한 통,

여인의 외출시간은 2분가량 미루어진다. 같은 시각, 데이지는 공연 리허설 중이었다. 통화를 마치고 집밖으로 나온 여인은 새치기 손님 때문에 택시 하나를 놓치게 된다. 근처 카페에서는 방금 손님을 내려준 다른 택시기사가 커피 한 잔의 여유를 즐기고 있었다.

　새치기 손님 때문에 택시 하나를 놓친 여인은, 근처 카페에서 막 커피를 마시고 나온 기사의 택시를 잡아탄다. 택시가 출발하고 얼마 되지 않은 시점, 갑자기 도로로 뛰어든 한 남자로 인해 택시는 급정거를 하게 된다. 어젯밤에 알람시계를 맞춰 놓지 않고 잠이 들어버린 이 남자는 평소보다 늦게 기상을 했고, 출근과 지각의 갈림길에 선 조급한 마음으로 도로를 건너다가 택시를 가로막게 된 것이었다. 같은 시각, 데이지는 리허설을 끝내고 샤워 중이었다.

　한 상점 앞에 여인을 내려준 택시는, 여인이 물건을 사러 들어간 잠깐의 시간동안 상점 앞 도로에 정차 중이었다. 상점 안으로 들어간 여인은 미리 주문한 물건을 점원에게 물었지만, 어제 애인과 헤어진 점원은 손님이 주문한 물건의 포장을 깜빡하고 있었다. 한 사건을 향해가고 있던 시간은 이렇게 또 지연이 된다. 아니 사건의 입장에서 보자면, 타이밍을 향해가고 있던 조율이었다.

포장된 물건을 가지고 나온 여인은 상점 앞에서 기다리고 있던 택시에 다시 오른다. 택시가 막 출발하려던 순간, 골목에서 갑작스럽게 튀어나온 배달트럭 때문에 택시는 급정거를 한다. 그 시각, 샤워를 마친 데이지는 공연장을 나서려던 참이었지만 신발끈이 끊어진 친구를 기다려 주느냐 몇 분을 더 지체하게 된다. 쇼핑을 마치고 집으로 돌아가는 여인을 태운 택시는 신호대기에 걸려 있다. 친구와 함께 공연장 후문을 통해 나온 데이지를 기다리고 있던 사건은, 그 택시와의 충돌이었다.

이 사건을 조명하는 벤자민 버튼의 내레이션은, 우리가 살아가는 삶의 단면이 아닌 입체감에 대해서 말하고 있다. 이 일련의 사건들 중에서 어느 하나만 달라졌어도, 가령 데이지 친구의 신발끈이 끊어지지 않았다거나, 상점 점원이 어제 실연을 당하지 않았다거나, 쇼핑을 위해 집을 나선 여인이 코트를 잊지 않았거나 택시를 놓치지 않았다면, 데이지가 다리를 다치는 불상사는 발생하지 않았을지 모른다. 그러나 일련의 사건들은 데이지를 목적으로 기획된 성질이 아니다. 그저 저마다의 우연으로 배열되어 있던 동선들의 교차점에 하필 데이지가 있었던 것뿐이다.

데이지 입장에서는 하필 그 순간 그 지점에 모든 사건이

교차하고 있었는가를 신에게 따져 묻고 싶은 심정일 것이다. 그 순간 그 지점에 비켜서 있던 수많은 우연성들을 놓아두고 하필 내가 딛고 있는 그곳이었어야 했는가? 불운의 입장에서는 그 기막힌 타이밍으로부터 거슬러 올라가는 모든 과정이 자신에게로 향해 오고 있던 필연으로 느껴질 수밖에 없다. 이 경우는 행운의 입장에서도 마찬가지이다. 지금에 당도하기 위해 그토록 모진 여정을 겪어낸 것이라는, 지난날에 대한 의미부여로 기쁨을 배가시키는 우리들이 아니던가.

베르그송이 지적하는 실증주의의 오류는, 우연적 결과들로부터 필연의 원인을 발견해내고야 말겠다는 귀납적 열정들의 집착이다. 대표적인 사례가 실증적 가치에 효율성의 논리까지 덧댄 자기계발서들의 담론으로, 성공을 이루어낸 자들의 통계치를 성공의 보편적 원칙으로 강권하려 드는 경우다. 마침 성공한 자들이 그런 삶의 방식으로 살아가고 있던 것일 수도 있는 문제이지만, 자기계발서에서는 그렇게 살면 반드시 성공을 거둘 수 있다는 논리로 둔갑한다. 이런 걸 목적론적 오류라고 한다. 책에 적혀 있는 삶의 자세로, 아니 더 열정적인 태도로 살아가도 되지 않는 꿈들이 허다한 세상인데 말이다.

베르그송의 유명한 비유가 있다. 멀찌감치서 화장실 타일에 공을 던진다고 가정해보자. 특정 타일을 맞추겠다는 의도 없이 무심히 공을 던져도, 공을 맞은 타일의 입장에서 공의 궤적을 소급해본다면, 다른 경우로의 확률을 걷어낸 채 자신을 향해 오고 있던 필연이다. 어쩌면 필연이란 건, 관념의 인과에 대한 믿음이다. 현상 그 자체는 아무것도 해명해주지 않는다.

물론 베르그송이 삶으로부터 모든 필연의 요소를 걷어내라고 종용하는 것은 아니다. 한 접점에서 만나 사건을 발생시키는 서로 다른 우연적 시간들을 간과한 비인문적 방법론에 대한 비판일 뿐이다. 여러 우연성들이 모여 자아낸 입체감이 아닌, 우연성의 일부를 잘라낸 단면만으로 우리의 삶을 정의할 수는 없다. 단순하게 도식화하기에는 우리의 삶이 그렇게 논리적이지도 합리적이지도 않다. 벤자민 버튼의 내레이션처럼, 우리의 삶은 '끝없는 상호작용'의 결과다.

메두사의 눈

메두사와 눈이 마주친 모든 것들은 그 자리에 돌이 되

어 굳어버린다는 그리스 신화. 철학과 미학에서 거론되는 '메두사의 눈'은 고전물리학의 관점을 일컫는 용어다. 바라보는 모든 것들에게서 시간을 강탈한 시선으로, 멈춰선 시간 속의 모든 것들을 바라본다. 인식의 대상에 대한 무시간적 분석을 통해 원리와 공식을 찾아내는 오류에 대한 상징이다.

흔히들 뉴턴이 땅으로 떨어진 사과로부터 중력 개념을 발견했다고 알고 있지만, 중력 개념은 고대 그리스에도 이미 있었다. 뉴턴의 업적은 중력을 매개한 공간의 패러다임을 지상에서 천상으로 옮겼다는 점이다. 모두 다 알다시피 아인슈타인이 이 고전물리학에 시간 개념을 끌어들여 '상대성'을 완성시켰고, 현대과학에 와서는 시간에 더 많은 비중을 할애하면서 다중세계를 다루는 콘텐츠들이 유행이다.

사과는 중력에 의해서 떨어지는 것이기도 하지만, 떨어질 때가 되어 떨어지는 것이기도 하다. 즉 힘의 문제만이 아닌 시간의 문제도 함께 지닌 채로 일어나는 현상이다. 과학자가 바라보는 사과는 분명 시인이 바라보는 사과와는 차이가 있다. 어느 경우가 사과의 진면목을 보고 있는 것일까? 물리적으로 계량할 수 없는 시간성과 그 맥락 안에서 벌어지는 결과들도 있다.

자연과학만큼이나 인문학이 필요한 이유는, 명확한 인과가 성립하지 않는 세계에 대한 해석을 위해서이다. 인과에 대한 믿음은 이미 전제로 설정된 범주 내에서의 무시간적 고찰일 때가 많다. 그러나 그 인과에 적지 않은 영향을 미치고 있는 수많은 '상관'이 존재한다. 그래서 철저한 기획으로도 사업은 성공을 장담할 수 없으며, 세심한 계획에도 항상 변수는 끼어들기 마련이다. 시간은 미리 정식화할 수 없는 성질이기에 우리의 삶이 이토록 역동적인 것이기도 하다. 뭔가 이루어졌다 싶다가도 다시 원점이고, 다 되었다 싶다가도 끝내 과정이었음을 확인하게 되는 우리네 인생이 아니던가.

경험론의 한 줄기는 과학적 원리에 입각해서 모든 삶의 문제를 해결하려 드는 실증주의로 발전하게 된다. 그리고 메이플라워호에 실린 경험론의 학풍이 프론티어 정신과 결합하여 미국의 실용주의로 거듭난다. 그들이 표방하는 효율적이고도 가시적인 방법론은 빅데이터였다. 산술적 평균으로 도식화하고, 효율적인 공식을 추출해내는 자기계발서 시장은 필연적 수순이었다.

그러나 문제는 실증과 실용의 근거가 과연 인간의 삶에

까지 적용될 수 있느냐이다. 개인사마다 겪는 경험의 편차와 삶의 맥락이 서로 다르다. 과학조차도 틀린 가설로 논증을 일삼던 역사가 있지 않던가. 과학도 이럴진대, 개인의 삶에 대해 핏대를 세우며 토로하는 삶의 공식들이 과연 공식으로서의 자격을 갖추고 있는 것일까? 실상 현대의 양자역학은 관찰자가 처해 있는 맥락을 고려한다.

하이데거의 키워드인 '존재와 시간'은, 개인이 겪어온 시간의 결과로서 펼쳐지는 각자의 세계에 관한 것이다. 물론 개인이 지니는 보편성이란 게 있긴 하지만, 결국엔 각자의 이야기를 살아간다. 나의 시간성을 배제한 채 모든 것을 무시간적으로 바라보는 메두사의 시선은, 적어도 인문 영역에 있어서는 맹시나 다름없다. 하여 사랑을 책으로 배울 일이 아니요, 성공한 자들은 다 지니고 있다는 습관과 원칙을 맹신할 이유도 없다. 자신에게 가장 들어맞는 지침서는 자신이 직접 써내려간 것이 아닐까? 그것은 예측이 아닌 회고의 성격일 수밖에 없다. 누구에게서 들은 남의 이야기로 살아갈 것이 아니라, 누군가에게 들려 줄 수 있는 자신의 이야기를 만들어 가야하지 않겠는가?

공식과 체계로만 해결될 삶이라면, 행복도 인플레이션을 겪을 것이다.

성공의 비법을 알고 있으면 나 혼자 돈을 벌지, 굳이 그 정보를 남들과 공유하면서 파이를 나눌 리도 없지 않은가. 나 같으면 안 그럴 일을, 저 놈에게 기대한다는 것도 멍청한 짓 아닐까? 당신들을 '위해'라는 광고 문구는, 대개 당신들에 '의해' 유지가 되는 것이다.

먼저 걸어간 사람들의 궤적만을 따라가다 보면, 정말로 내가 가야할 길은 영원히 찾아지지 않는다. 정해진 하나의 길, 그런 것은 존재하지 않는다. 당신이 지나가고 난 뒤에야 비로소 당신의 길이 생겨난다. 길은 너의 앞에 주어지는 것이 아니라 너의 뒤에서 발견되는 것이다.

이미 도래한 미래

길 밖으로의 여정

그는 잡지사에서 일하는 포토에디터다. 회사에서 그가 하는 일이라곤 우편으로 건네받은 사진작가의 필름을 잡지에 실을 사진으로 현상하는 것. 어두운 현상실 밖의 삶에 대한 특별한 경험도 기억도 없는, 그래서 결혼정보회사에서도 인기 없는 스펙으로 분류되는 남자의 유일한 취미는 '상상'이다.

폐간호를 앞두고 있다는 사실이 다를 뿐, 여느 때처럼 사진작가의 필름을 우편으로 건네받은 어느 날. 표지 사진으로 쓰일 부분이 비어 있다는 사실이 여느 때와 같지 않았다. 잡지가 간행되기 전까지 원본 필름을 찾아올 요량으로,

포토에디터는 사진작가를 찾아 나선다. 세계 곳곳을 누비며 사진을 찍는 아티스트의 성향 덕분에 그의 출장은 뜻하지 않게 '여정'이 되고《월터의 상상은 현실이 된다》.

천신만고 끝에 히말라야 산맥에서 찾은 사진작가는, 그렇게 고대했다던 히말라야 눈표범과 마주하고 있었다. 그러나 찍기만 하면 돈이 되는 권위를 지니고 있음에도 셔터를 누르지 않는다. 눈표범이 사라지도록 그저 바라만 볼 뿐이다. 어떤 고가의 렌즈로도 시선이 느끼는 감흥 그대로를 담아낼 수는 없다. 유명 사진작가에게도 사진은 순간을 공간으로 잡아두는 방편에 지나지 않았다. 필름만 받아보았던 월터는 필름에 담기지 않았던 순간들을 곁에서 직접 목격하게 된 것이다. 월터가 보았던 필름들은 사진작가의 시선 중 극히 일부에 지나지 않았다.

이는 월터의 직업과 상상의 취미를 연관 지을 수 있는 장면이기도 하다. 현상실이란 닫힌 공간에서 남의 시선을 현상(現像)할 뿐, 정작 자신만의 시선을 현상(現狀)으로 살아본 적은 없었던 일상. 그런 시선의 결핍 속에서 자신을 잃어버린 월터의 삶은 상상의 시선만을 취미로 간직하고 있었을 뿐이었다.

상상의 나래를 마음껏 펼치라고 하지만, 실상 상상의 범주가 사고력의 한계를 증명하는 근거이기에, '마음껏'보다는 '능력껏'이라는 수식이 더 합당한 지도 모를 일이다. 자신의 뇌를 향해 있는 시선은 경험과 기억의 조합을 벗어나지 못하는 해석의 근거이며, 그 해석을 다시 경험하고 기억하게 하는 한계이기도 하다. 결코 그 바깥을 상상하지 못하는 지력이, 곧잘 자신은 상상도 할 수 없는 생각들에 놀라는 것도 당연한 일 아니겠는가.

월터의 상상력은 늘상 자신이 마주하고 있던 한정된 프레임 안에 갇힌 시선으로 현상해내고 있던 현상에 불과했다. 사회생활에 치여 사는 대다수가 그렇듯, 월터에게도 일상 밖으로의 일탈은 항상 생각에 머물러 있다. 실천에 대한 의지는 없다. 아니 용기가 없다. 칸트의 말마따나, 각성은 지능이 아닌 용기에서 비롯된다.

자의적으로 떠난 모험은 아니었지만, 사라진 한 조각의 필름은 도리어 제한의 프레임을 벗어날 수 있는 계기가 된다. 싹둑 잘려나간 빈 공간에는 월터가 자신의 어린 시절에 두고 온 꿈과 열정이 담겨 있었던 셈이다. 여정 끝에 찾아낸 필름 속의 주인공은 바로 월터 자신이었다. 정작 자신은 한 번도 돌아보지 않았던, 사진작가 눈에 비친 어느 포토에디터의 열정적인 삶이었다.

오늘과 다른 내일을 상상하기만 할 뿐, 정작 현재도 잘 돌아보지 않는 현실. 이미 가시거리에 들어와 있는 시간들조차도, '지금 여기'로 발견되지 않는, 조각들로 사라져버리곤 한다. 그렇게 놓쳐버린 수많은 순간의 파편들이, 기억으로도 남지 못하는 과거가 되어 있다는 사실도 모른 채, 어제와 다를 것 없는 하루를 오늘로 살아가며 내일로 기다릴 뿐이다.

하고 싶은 게 많다는 말은 곧 절실한 것이 없다는 속내라고 한다. 무엇 하나 시도하지 않고 있는 지금에 대한 변명을, 선택에 대한 갈등과 유예의 시간으로 포장하고 있는 것. 무언가를 간절히 찾는 이유는 지금 당장에 그것을 찾지 않으면 안 되기 때문이지, 언제라도 찾으면 그만이라는 생각에서는 아닐 터. '언젠가 찾아야 할 것'들은 결국엔 찾지 못하게 되는 경우가 태반이지 않던가. 나중엔 무엇을 잃어버렸다는 사실조차, 무언가를 찾으려 했었다는 사실조차 잊어버리기 일쑤다.

월터를 프레임 안에 가두고 있던 잡지사 이름은 'LIFE'였다. 그러나 그 지긋지긋한 현실이 그의 삶을 지탱해준 열정이기도 했다. 긴 깨달음의 여정 끝에 깨달아야 할 곳도 결국엔 '지금 여기'다. 그러나 이미 내 곁에 다가와 있는 것들에 대한 각성을 위해서, '지금 여기'를 벗어날 수 있는 한 걸음의 용기가 필요하기도 하다. 삶은 그토록 역설이며 모순이다.

니체가 이르길,

"네가 이 도시를 떠났을 때 비로소 도시의 탑들이 얼마나 높이 솟구쳐 있었던가를 알게 될 것이다."

한 번쯤은 자신이 딛고 있는 모든 존재론적 근거로부터 멀어져보시길. 거기에 우리의 내일이 '지금 여기'의 모습으로 기다리고 있을 터이니.

삶의 엔트로피

'산다는 건 다 그런 것 아니겠니'의 슬로건은 삶에 대한 긍정인 듯 보이지만, 동시에 삶에 대한 체념이기도 하다. 나름대론 자신이 살아온 동안에 가장 효율적이면서도 합리적인 방법론이라는 사실이 증명된 존재방식이기도 할 게다.

물질 차원에서의 시간은 엔트로피의 법칙을 따른다. 생명 역시 쇠락의 엔트로피를 비껴갈 수 없다. 그러나 모든 생명은 시간에 의한 도태를 최소화하기 위해 노력한다. 하여 늙어갈지언정 성장하고, 소진하는 동시에 회복한다. 베르그송이 '엔트로피의 사면을 거슬러 올라가려는 노력'이라고 표현한 이런 성질이, 살아 있는 것들과 그렇지 않은 것들과의 차이다.

시간 앞에서 이런 항상성을 지속하는 것이 현상유지를 뜻하지는 않는다. 시간을 강물에 비유하자면, 흐름에 떠내려가지 않기 위해서라도 항상 일정한 속도로 나아가야 하는 것이다. 지속하기 위해서는 앞으로 나아가야 한다. 죽은 것들만 떠내려간다. 어제의 관성을 유지하는 오늘이라면, 쇠락의 방향으로 떠내려가고 있는, 그 또한 결국엔 어제일 뿐이다. 내일은 저절로 도래하는 시간이 아니다. 어제의 지점으로부터 계속 앞으로 나아갈 때야 비로소 마주칠 수 있다.

견지하고 있는 생활체계만 고집할 게 아니라 '길 밖으로의 여정'에서 만나는 우연을 잘 활용할 필요가 있다. 내일과의 조우도, 행위의 범주를 늘리는 열린 체계로부터 가능한 사건이다. 늘 버스를 이용했다면, 오늘은 한 번 지하철을 이용해 보시길, 그렇게 나타나지 않던 인연이 항상 그 시간대의 지하철을 타고 출퇴근을 하고 있었는지도 모를 일이다. 지겹도록 철학만 읽어댔다면 오늘은 한 번 문학을 읽어보시길, 어쩌면 문학에서 되레 자신의 새로운 미래를 발견할 수도 있는 일이다. 들뢰즈의 철학과 동기였던, 소설가 미셸 투르니에의 일화이기도 하다.

엔트로피는 타성의 방향이기도 하다. '그런다고 별 것 있겠어?' 하는 마음으로 또 어제처럼 버스에 오를 우리가 아니던가. 우리에게 닿지 못한 인연과 미래는, 그렇게 지하철에 실려 다시 한 번 우리에게서 멀어져간다.

처음 지나칠 때는 그토록 낯설게 느껴지던 풍경들도, 어느 순간부터는 그것들을 낯설게 바라보던 처음의 기억이 낯설어지기 시작한다. 우체국은 저쪽에 있고, 동사무소는 이쪽에 있고, 어디에서 쓰레기봉투를 팔고, 어디 해장국이 맛있고…. 이미 보이는 현상 자체만으로도 익숙한데, 시선보다 먼저 가닿는 해석의 정보까지 그 익숙함을 공고히 한다. 항상 그 자리에 있는 것들은, 그것이 그 자리에 있다는 사실을 자각하지 못한 채 매일같이 지나칠 뿐이다. 그러나 낡은 것을 허물고 새로운 것이 들어설 때엔, 그 자리에 원래 뭐가 있었는지가 기억나지 않는다.

삶의 패턴에 익숙해질수록, 삶에 대한 집중도는 저하되기 마련이다. 전우의 발뒤꿈치만을 응시하며 기계적으로 걸음을 내딛는 군인들의 멀고 긴 행군처럼, 가고 있으면서도 어디로 가고 있는지와 어디쯤 가고 있는지가 궁금하지 않다. 걷고 있는 이유마저 잊어버렸다. 권태와 허무가 갈마드는 삶의 순간마다 왜 살아가고 있는지에 대한 질문을 던지곤 하지만, 무작정 살아가고 있는 삶은 아무런 대답도 해주지 않는다.

낯설게 보기

인류는 오래전부터 이런 무료함에서 벗어날 방도를 강구해왔다. 현실을 재해석한 가상의 세계, 예술과 문학이 그것이다. 예술가와 문인들은 예술과 문학의 정체성을 '낯설게 하기'에서 찾는다. 익숙함에서 느낄 수 없는 삶의 감동을, 삶의 문법을 빌린 낯선 모습으로 재창조한다. 일상의 흔한 배치를 새로운 시각에서 바라보는 '낯선 익숙함'이다.

sns의 페르소나를 가꾸는 일도 일상성에서 벗어나고 싶은 욕망의 표현일 것이다. 익숙한 것들의 무료한 담론으로부터 벗어나고 싶은 예술가적 일탈, 현대철학이 지향하는 삶의 양태도 그런 예술가로서의 삶이다. 예술가적이지 못한 삶의 태도로부터 어떤 감흥이 일어날 리도 없지 않은가.

그저 먹고 살기에도 빠듯한 세상, 그런 감성은 개나 줘버리고 싶은 각박한 현실감각으로 인해, 삶으로부터 감동이 사라진다. 먹고 살만해져도 각박한 삶만이 남아 있을 뿐, 뒤늦게 개를 부러워해야 할 판이다.

　자세히 보아야 예쁘다.
　오래 보아야 사랑스럽다.

　나태주 시인의 「풀꽃」에서 해답을 얻을 수 있지 않을까 싶다. 오래도록 자세히 들여다보면, 이미 알고 있다고 생각하는 것들에게서도 미처 알지 못했던 낯선 감동을 발견하게 된다.
　"이쪽에 꽃가게가 있었네!"
　"너 눈가에 점이 있었네!"
　이쪽의 꽃가게와 너의 눈가처럼, 우리에게 익숙한 현재 안에도 아직 우리에게 발견되지 않은 미래가 숨어 있다.
　버스 안에서 발을 동동 구르다 못해 제자리 뛰기를 한다고 해서, 버스가 더 빨리 도착하는 것도 아니다. 바쁘게 돌아가는 세상 속에서 남들에게 뒤처질까봐 조바심을 내며 살아가는 일상, 발을 구를 시간에 차라리 버스 안에 가득

한 타인의 얼굴들을 찬찬히 살피는 여유를 가져봄은 어떨까? 나와 같은 조바심으로 발을 구르고 있는 누군가의 모습에서 발견한 순간, 익숙하면서도 낯선 그 모습이 우습기도 서글프기도 할 것이다. 가장 먼저 스스로에게서 낯설어져 보시길. 한 발자국 뒤로 물러나 찬찬히 살피는 이방인으로서….

노란 벽돌길을 따라서

존재와 사건

스스로가 유지하고 있는 안정성의 패턴을 무너뜨리며 다가오는 급작스런 우연을 철학에선 '사건'이라고 이른다. 사건이 될 수 있는 조건은 '존재'마다 다르다. 개인마다 관계하고 있는 사회의 범주가 다르고, 견지하고 있는 가치관들이 다르기에, 지속하고 있는 삶의 패턴 역시 다르기 때문이다. 알랭 바디우의 어록을 빌려 서술하자면, 사건이 사건일 수 있게 하는 '사건의 자리'의 조건이 다른 것이다. 추구하는 진리의 방향성도 사람마다 다를 수밖에 없다. 자신이 추구하는 조건 안에서만 진리다.

그러나 사건을 통해 그 진리의 범주가 변한다는 사실을

종종 경험한다. 가슴 아픈 이별을 하고 나서야 사랑에 대한 생각이 바뀌고, 처절한 절망을 겪고 난 이후에야 삶을 바라보는 시각이 달라지며, 남이 당하고 있는 억울함이 결코 남의 일이 아니란 사실을 깨달았을 시에는 히어로적 각성을 이루어내기도 한다.

이 '존재와 사건'의 도식에서 도출되는 결론은, 실상 인식의 주체는 진리를 알지 못한다는 사실이다. 주체라는 개념조차도 특정 '상황' 속에서 획득하는 '조건적 규정'에 불과하며, 그저 자신이 처한 상황이 조건화하는 신념을 고수할 뿐이다. 반대로 이야기한다면, 조건이 변하면 주체도 변한다. 진리라는 명분 또한 변화를 잠재하고 있는 상태다. 다시 바디우의 표현을 그대로 인용하자면, 진리는 언제나 자신을 지탱할 주체를 새로 요구하며, 주체는 삶의 순간순간마다 자신이 견지해야 할 진리를 새로 발견한다. 조금 더 쉽게 풀어 쓰자면, 우리가 진리로 믿고 있었던 것들을 향한 신념은 우발적 사건으로 인해 얼마든지 변할 수 있으며, 그렇기에 진리에 대한 신념은 차라리 주체가 처한 상황의 속성이지 주체가 지닌 속성은 아니라는 것. 바디우에게 있어 주체란 '진리의 효과'다. 주체는 미리 존재하는 것이 아니라 사건을 통해 매 순간 등장하는 것이다.

하이데거의 철학에서 '존재' 개념은, 그가 그렇게 생각할 수밖에 없게 하는 인식의 조건이다. 이 조건에 균열을 일으키며 다가오는 '사건'에 의해서 인식 체계가 변하기도 한다. 스크루지 영감의 꿈을 생각하면 쉽다. 진리라는 것도, 자신이 딛고 있는 존재론적 조건 안에서 진리라고 믿는 것. 이제까지 믿고 있던 것이 진리가 아니었다는 사실을 깨닫는 어느 날도 사건과 함께 도래한다.

바디우의 『존재와 사건』은, 일상성으로 설명하는 하이데거의 개념들을 사회학 차원으로 확장한 경우로 보면 된다. 존재 개념도 그가 그렇게 행위할 수밖에 없는 각성의 조건으로 확장한다. 사건은 혁명적 주체에 의해 완성되는 역사적 의의다. 때문에 바디우의 철학은 정치적이다.

"진리는 자신을 상황 속에 배치하도록 상황을 강제한다. 그 결과 이 진리는 마침내 상황의 내적인 항목으로 인정받는다."

진리라는 명분은 저 스스로가 진리의 정당성을 획득할 수 있도록 사회분위기를 조장하며, 그렇게 조장된 분위기에 힘입어 다시 진리로 순환한다.

전두환이 언론을 통제해 가며 5·18을 폭도의 난으로 규정함으로써 계엄령의 정당성을 주장했던 일을, 여전히 진실로 믿고 있는 일부 극우성향들에겐 아직 혁명적 사건은 도래하지 않았다. 그래서 그들의 존재가 변하지 않는 것이다.

혁명은 3일을 유지하기 어렵다는 말이 있다. 도모한 이들의 공과를 논하면서 기득권이 생겨난다. 비열하고 치사한 권력 다툼으로 번진다. 지구상의 사회주의 혁명이 모두 이러하지 않았던가. 진영을 막론하고 체 게바라를 존경하는 이유는, 혁명을 완수한 이후는 미련 없이 떠난 일에 있지 않을까?

혁명은 그 이후의 역사로 완수해 나가는 것이다. 5·18 민주화 운동이 '사태'로 그치지 않았던 건, 이후 그 정신을 지켜내기 위해 싸운 이들의 노고가 있었기 때문이다. 혁명은 혁명의 순간에 완성되는 것이 아니라, '혁명적 주체'들의 끊임없는 책임과 의무를 요구한다.

차이와 반복

낯설음 앞에 내던져진 순간은 나의 데데한 문제해결력

이 여실히 드러나는, 너무도 모르는 게 많다는 사실 하나만을 알게 되는, 언제고 느껴본 막막함만이 다시 익숙해지는 순간이기도 하다. 실상 낯설음의 정체가 '모름'이기도 하다. 어찌해야 할지를 모르겠고, 어디로 가야 할지를 모르겠으며, 언제쯤 벗어날 수 있는 것인지를 모르겠는…. 그러나 문제해결력의 빈곤함이 드러났다는 것은, 개선의 가능성을 절실히 깨닫고 있는 각성을 의미하기도 한다.

실존철학은 불확정적 우연이 가져다주는 각성의 잠재성을 '불안'으로부터 발견한다. 데카르트의 주장대로 우리가 과연 생각하기에 존재하는 존재들일까? 데카르트에 대한 반론들의 요지는, 그저 의식이 있는 상태와 생각을 하고 있는 상황에서의 정신활동은 다른 양상이라는 점이다. 우리는 일상의 많은 순간들을 그저 자신이 겪어온 시간의 관성대로 지나친다. 그 관성이 멈추는 지점이 바로 생각이 일어나는 순간이며, 생각이 일어나는 그 자리에 불안도 함께한다.

관성으로부터 자유로워지게 되는 계기는, 내가 살아온 삶의 '결'과는 전혀 다른 맥락으로 가로놓이는 우연적 사건이다. 관성대로 흘러오다 맞닥뜨린 인과이면서도, 그 관성으로는 결코 넘어설 수 없는 이율배반. 그 모순 앞에서 느끼는 불안으로 인해, 비로소 스스로에게 반성의 기회를 허락한다. 이는 헤겔의 변증법이 설명하는 반(反)의 작용이지만, 헤겔을 비판하는 철학자들의 주요 논지는, 정작 바뀌어야 할 근간은 절대로 바뀌지 않고 주변부만이 반성을 거듭하는데도, 그것을 발전으로 간주하는 서사에 대한 지적이다. 마치 잔챙이들만 꼬리 자르기 식으로 쳐내는 부조리한 조직이, 연일 쏟아내는 반성의 캐치프레이즈에도 불구하고 전혀 변하지 않는 것과 같은 맥락이다.

관성에 대한 니체와 키에르케고르의 반론은 '차이'와 '반복'이라는 단어로 집약할 수 있다. 관건은 반성의 이전과 이후에 공통적으로 남아 있는 가치가 아니라, 반성을 통해 새로이 획득하게 되는 '차이'의 가치. 발전이란 지금 여기에 부재한 '차이'로 이끌려가는 '반복'의 서사다. 따라서 그 차이를 향한 방향성에 방해가 되는 것들이라면 과감히 버릴 줄도 알아야 한다. 비록 자신 존재감을 확보해주는 것들일지라도 말이다. 실상 발전을 방해하는 가장 큰 요인이, 정체성이란 명목으로 움켜쥐고 있는 것들이기도 하다. 하여 헤겔의 반론들이 제안하는 발전의 방법론은 개선과 절충이 아니다. 우연 앞에 홀로 서는 '단절'과 '이것이냐 저것이냐'의 '선택'이다.

'차이와 반복'의 철학자 들뢰즈가 사유 모델에서 중심 줄기를 없앤 이유는, 개인을 옭아매는 지배담론에 대한 반동이다. 이 반동으로부터 비롯된 모델이 뿌리줄기의 이미지를 빌린 '리좀(Rhizome)'이다. 이는 어떤 상황에서도 변하지 않는 특정 신념으로 회귀하는 것이 아닌, 상황마다의 맥락에 대처할 수 있을 만큼의 탄력성을 지닌 사유방식이다. 따라서 관건은 내가 견지하고 있는 것들이 아니라 외부에서 도래하는 것들이다.

　우연은 관성의 안정성을 무너뜨리는 '사건'의 모습으로 다가오기에, '불안'의 정서와 함께 도래한다. 그러나 우연이 안겨주는 불안 속에서 그 불안의 문제를 해결하기 위한 '생각'이 일어난다. 하이데거는 이 불안의 지점을 '존재사건'이라고 명명했다. 생각이 일어날 수 있는 계기와 동력은 나의 체계 바깥에서 도래하는 우연적 사건들이다. 들뢰즈의 표현을 빌리자면, '사유는 외부에서 오는' 것이다.

노마드(nomad)

　현대 철학의 가장 대중적인 키워드이기도 한 '노마드'

의 스펙트럼을 '유목'의 번역으로 좁힐 필요는 없다. 충분히 여행의 모티브로 나아갈 수 있는 사유방식이다. 일상으로부터 벗어나 스스로 낯섦에 뛰어드는 탈주를 통해, 관성으로 흘러가고 있던 일상에 대한 반성이 일어나기 시작한다. 관성 앞에 가로놓이는 우연들의 배열 속에서 '이전의 나'와의 '차이'가 발생한다. 그리고 그런 사유방식으로 발전을 '반복'하는 생활체계가, 다시 남들과 변별되는 '차이'의 자아정체성으로 순환한다.

《오즈의 마법사》로 비유해 보자. 노란 벽돌길을 따라가다 만난 마음이 없는 양철나무꾼과 지혜가 없는 허수아비 그리고 용기가 없는 사자는, 도로시 자신이 딛고 서 있는 '지금 여기'가 투영된 상징들로 볼 수도 있다. 그렇게 힘들게 찾아간 오즈에 결국 마법사는 없었다. 하지만 노란 벽돌길의 여정에서 사랑과 지혜와 용기를 얻을 수 있었고, 그녀는 다시 캔사스로 돌아올 수 있었다. 이 스토리텔링을 낯선 경험들 속에서 성장을 거듭한 후 다시 제자리로 돌아온 소녀의 성장통으로 해석한다면, 양철나뭇꾼과 허수아비와 사자는 도로시가 만난 우연적 사건이었고, 사랑과 지혜와 용기는 한층 어른스러워져 돌아온 자신의 심적 변화다. 어느 날 캔사스 외딴 시골집에 불어 닥친 태풍이 도로시에

겐 '존재사건'이었던 셈이다. 들뢰즈의 어록을 그대로 인용하자면, '자기가 통과하는 상태들을 소비하면서 동시에 이 상태들로부터 태어나는', 이전과 달라진 '차이'를 계속해서 발생시키는 '반복'의 서사다.

노마드 철학은 농경사회와 달리 영토에 구애를 받지 않는 유목민들의 생활방식에서 추출한 사유방식이다. 유목민들은 토지에 별다른 의미를 부여하지 않는다. 의미는 상황에 따라 이리저리 옮겨 다니는 자신들에게 있는 것이다. 글로벌 시대에는 경제의 국경이란 게 무의미하다. 갤럭시폰은 한국만 상대하는 상품이 아니다. 국적에 얽매이지 않는 탈코드화(decoding)와 글로벌을 시장으로 하는 재영토화(recoding)는, 한국에 존재하지 않는 '차이'를 향해 나아가는 '반복'의 결과다. 확정된 경계가 없으며 아무것도 정해진 것은 없다는, '기관 없는 신체'의 개념 역시 이 '차이와 반복'을 꿰고 있는 키워드다.

기관 없는 신체

유도복은 원래 사무라이들이 갑옷 안에 받쳐 입었던 옷

을 개량한 형태라고 한다. 전투 도중 손에서 칼을 놓쳤을 시에 필요한 맨손 기술을 연마하던 전통이 오늘날의 유도로 발전되었다. 여기에 오키나와에서 유입된 타격 기술이 더해진 것이 가라테인데, 중국과의 교역이 활발했던 오키나와에 전해진 중국 무술이 기원이라는 설이 일반적이다. 유도와 가라테의 복장은 결국엔 검도복과 같은 유래의 다른 분열자다.

어떤 사건이 어떤 결과를 초래할 지는 아직 모르는 일이다. 사건은 다양한 방식으로 진화할 가능성을 뭉뚱그린 채 다가온다. 그 사건이 관계하고 있는 다른 사건들과의 배열과 배치가 어떠냐에 따라 전개의 양상도 달라진다.

들뢰즈에게 주체란 그저 문법적 지위에 불과하다. 고정된 주체는 없다. 마주친 우연과의 대화 속에서 끊임없이 자신의 성질을 획득하는 '과정으로서의 분열증'만이 존재할 따름이다.

우리는 자유로운 선택을 한다고 착각하지만, 실상 자신이 겪은 한정된 범주 내에서 종속된 타협을 추구한다. 마치 지구가 둥글다는 사실을 알기 전의 인류처럼, 미지의 경계 밖으로 벗어나는 것을 추락으로 간주한다. 그래서 발전의 가능성은 언제나 자신의 기억 혹은 자신이 발을 걸고 있는 사회의 통념 안에서만 제고된다. 그 지평의 경계 안을 고수하는 주체에게 '밖'의 가능성이 도래할 리 없다.

들뢰즈가 지적하는 최고의 문제점은 '자의식'이다. 자의식이 강할수록, 되레 최면에 쉽게 걸린단다. 그러나 자신의 신념에 반하는 낯선 우연들 속에 자신의 운명이 놓여 있는 경우가 있다. 수평선 밖으로 나아간 콜럼버스가 새로운 세계와 연결되었듯 말이다. 그렇기에 자신의 정체성 양 끌어안고 있는 모든 가치들로부터 벗어나볼 필요도 있다.

이미 내 안에 잠재되어 있는 것이 나의 밖에 존재한다는, 아리송한 들뢰즈의 표현이 지닌 함의는, 외부에서 다가오는 사건이 잠재하고 있는 나의 성장 가능성에 관한 것이다. 당신의 운명은 당신의 경험을 초월해 존재한다. 앞으로 나아가지 못하고 있는 그대가 버려야 할 것은 그 놈의 정체성인지도 모른다. 도리어 자신의 순간순간에 의문을 제기하지 않는 이에게, 새로운 세계는 열리지 않으며 미래는 도래하지 않는다.

2.

믿음 너머의

진실

생각에 관한 생각

생각한다. 존재한다.

중세까지만 해도 세상만사가 신의 뜻대로 이루어지는 현상이었기에, 그 뜻을 대행하는 종교인들의 권위에 여간해선 반론을 제기할 수 없는 분위기였다. 데카르트의 철학을 '근대'의 좌표로 삼는 이유는, 그의 명제인 '나는 생각한다. 고로 존재한다'에 의해 비로소 철학이 '신학의 시녀'라는 굴레에서 벗어났기 때문이다.

어느 날의 꿈속에서 데카르트는 지금 이 순간이 꿈이지 않을까 하는 의심을 한 적이 있다. 그리고 그 의심의 순간은 정말로 꿈이었다. 그렇다면 꿈을 깬 지금 이 순간도 꿈의 지속은 아닐까? 또 다른 깸이 있어서, 지금 이 순간을 꿈속의 일로 회상하는 어느 순간이 다가오지는 않을까? 이 '호접몽(胡蝶夢)적 모티브'가 데카르트에게 가져다 준 결론은, 내가 의심하고 있다는 사실 하나만큼은 결코 의심할 수 없다는 것이다.

아브라함은 이삭을 제물로 바치려 한다. 과연 아들을 죽이라는 저 명령이 과연 신의 목소리일까? 혹 내가 미친 것은 아닐까? 내 머릿속에 악마가 들어와 나를 조종하고 있는 것은 아닐까? 과연 내가 아브라함이 맞을까? 아브라함은 의심한다. 자신이 의심하고 있다는 사실 자체만은 의심할 수 없다. 신의 피조물이지만, 신을 의심할 수 있는 생각의 능력만큼은 신에게 종속되어 있는 것이 아니다.

데카르트는 인간을 사유하는 기계로 간주한다. 인간의 주체적 사고에 대한 담론을 열어젖힌 진보의 철학이 신체를 기계에 비유했다는 사실이 다소 의아한 지점일 수도 있겠지만, 그 자신이 '근대'의 경계에 선 철학자인 동시에 수학자이기도 했다는 점에서 이해할 일이다. '기계'라는 키워드가 지닌 시대적 의의는 나름의 첨단 과학이었다. 접속사를 순접으로 택할 것이냐 역접으로 택할 것이냐를 고민해야 하는 이유는, 근대에 발을 걸고 있는 데카르트의 이분법이 여전히 첨단과학 이론과 맞물린다는 점에서이다. 대표적 작품인 《공각기동대》에서는, 전자화 된 뇌(電腦)를 이식하는 기계 육체는 얼마든지 바꿀 수 있다.

신체는 그저 생각의 명령대로 움직이는 기계일 뿐이며, 정신을 에워싸고 있는 껍질에 불과하다. 이런 이원론에서는 육체의 지위가 평가절하된다. 그런데 과연 우리에게 신체의 의미가 그러한가? 죽음이 육체에 굴레에서 벗어나는 정신의 자유라면, 왜 전사자들과 조난자들의 시신을 수습하는 것일까? 신체는 또 하나의 영혼이라는 스피노자의 반박에 우리의 신체가 공명하는 것이다.

데카르트의 악마

데카르트는 육체와 정신을 연결한다는 '송과선' 개념을 언급하기도 한다. 그러나 뇌 자체는 과연 정신인가 육체인가 하는 질문으로 순환하는 문제이기도 하다. 마징가로 비유하자면, 호버파일더가 마징가 머리 위에 도킹하는 지점을 찾은 이후에, 호버파일더가 마징가에 속하는 것인가 아니면 조종사에게 속하는 것인가를 다시 고민하는 격이다.

돌아보면 이 메카닉의 설정은 꽤나 데카르트적이다. 마징가의 한자표기는 '魔神'이며, 조종자의 성향에 따라 선악이 갈릴 뿐, 마징가 그 자체로는 절대악도 절대선도 아니라는 의미다. 우리의 뇌 속에 악마가 들어와 대신 생각하는 것은 아닐까를 물었던 '데카르트의 악마'를 떠올리기도 한다.

데카르트의 방법적 회의는 자신에 대한 철저한 의심으로부터 시작한다. 그가 거론한 '악마'는 '신'을 향한 믿음의 반대급부로, 당대 기독교 사회의 분위기를 감안해 이해할 필요가 있다. 그 생각은 신의 뜻이 아닐 수 있다. 내 머릿속에 자리한 악마가 나 대신 생각을 하고 있는지도 모를 일이다. 고로 항상 나 자신을 의심해야 하지만, 의심이란 것은 분명 사유가 이루어지고 있다는 증거다. 후대의 여러 철학자들에게 비판을 받는 지점이기도 하다. 머릿속에 자리한 악마에 대한 의심을 생각으로 간주한다면, 미친 이가 자신의 광기를 의심하면서도 미친 짓을 멈추지 않는 것을 생각의 결과라고 말할 수 있는 것일까?

내가 생각의 주체가 맞을까? 혹 내 정신에 들어찬 악마가 나 대신 생각을 하고 있는 것은 아닐까? 악마의 농간에 놀아나고 있는 광기임을 어찌 알 수 있을까? 그러나 데카르트는 인식에 대한 의심을 갖는 그 자체만으로도 '생각'이라는 행위가 성립한다고 판단한다. 생각에 관한 생각을 하고 있다는 사실만으로도 생각의 주체가 증명된다는, 오늘날의 용어로 바꾸어 말하면 '메타인지'의 존재여부를 깨닫는 것으로 '존재'가 증명될 수 있다는 결론이다.

철학사적 의의를 배제한 채 오늘날의 상식으로만 돌아보면, 도대체 뭘 논증했다는 것인가를 따져 물을 수 있는, 실상 자신이 설정한 전제를 논거로 삼아 증명하는 순환논증의 오류에 지나지 않다. 하이데거의 표현을 빌리자면, '인식을 빌려 존재를 설명한 시도였지만 인식과 존재 어느 것도 설명하지 못한, 존재물음에 대한 회피'일 뿐이다. 다시 말해, 생각에 관한 생각 역시 악마의 농간인지 어찌 알고 '존재'를 단언할 수 있느냐는 지적이다. 훗날 정신분석학자 라캉에 의해 제기된 된 유명한 반박은, 데카르트의 명제에 대한 패러디로 데카르트를 부정하는 것이었다.

"나는 내가 존재하지 않은 곳에서 생각한다. 그러므로 나는 내가 생각하지 않는 곳에서 존재한다."

무슨 말인고 하니, 우리는 주체적인 사고를 하기 보다는 어떤 권위적 헤게모니의 '악마'에게 복종하는 경향이 있다는 이야기다. 돈을 잘 버는 직업을 꿈으로 알고 자라나는 욕망이 과연 우리의 순수한 욕망이냐 아니면 자본사회로부터 주입된 욕망이냐의 문제를 예로 들 수 있다. 시안견유시(豕眼見惟豕), 돼지 눈에 돼지만 보이는 이유는, 돼지를 욕망하는 주체 때문이 아니라 돼지 세계의 헤게모니에 잠식당한 사고체계 때문이다.

『공각기동대』의 중심에 자리한 '전뇌(電腦)'가 이런 생각의 헤게모니를 대리하는 상징물이라고 할 수 있겠다. 편의와 진보에 대한 인간의 욕망으로 탄생한 도구이지만, 결론적으로는 '악마'에게 더 쉽게 지배당할 수 있는 기제로 전락한다. 생각의 주체는 자신의 머릿속에 침범해 있을지도 모를 객체를 의심해야 하는 불안까지 구매한 셈이다.

신 앞에 선 단독자

현기증과 구토

정의를 수호하는 경찰이 되기까지 자신을 애지중지 키워왔던 형. 그러나 경찰이 되어 알게 된 사실은, 그 동안에 있었던 형의 범법 기록과 그 검은 돈으로 경찰이 된 자신에 관한 것이었다. 이 역설로부터 걷잡을 수 없이 멀어진 형제의 인연과 깊어진 감정의 골은, 주윤발의 이마를 관통한 총알 앞에서 화해의 손길을 내민다. 그들의 손에는 총이 쥐어져 있었다.

부하의 배신으로 모든 것을 잃어버린 조직의 중간보스, 범법의 중심에서 사필귀정을 외치는 모순, 그 모두가 법을 수호하는 경찰에게는 이해될 수 없다. 세상이 만들어 놓은 질서 속에서 해결되어야 한다. 그것을 정의라고 굳게 믿고 있었던 동생은 '현기증'을 느낀다.

과연 내가 생각하는 정의가 올바른 것인가? 목숨을 부지하겠다고 경찰에게 자수를 하러 걸어가는 저 배신자를 법의 심판대에 올리는 것이 과연 올바른 정의인가? 열혈의 경찰이 선택한 올바름은 윤리를 벗어난 신앙이었다. 내면의 목소리, 자신의 진심에 귀를 기울이는 것. 그리고 그것이 정의라고 믿는 것. 장국영의 주체적 결단은 적룡에게 총을 건넨다. 형이 하고 싶은 대로 하라고….

《영웅본색》에 한정할 수 없을 정도로, 이런 윤리적 갈등을 다루는 영화들은 많이 있다. 그러나 그보다 우리 삶의 도처에 더 많이 널려 있는 현실이기도 하다. 약자는 모든 걸 해결해 줄 것이라는 희망으로 법에 기대지만, 정의의 문헌이라는 법조차도 약자의 편이 아닐 때가 있다. 인류의 역사는 언제나 강자들에 의해 쓰여졌고, 법과 윤리가 그 역사의 한 표현일 때도 있다. '법대로 해라!'의 자신감은 결백이 아닌 권력으로부터 나온다.

이삭을 제물로 바치라는 신의 명령에, '신앙의 기사' 아브라함은 갈등한다. 자신의 아들을 죽이라는 저 음성이 과연 신의 것일까? 혹 자신이 미친 것은 아닐까? 갈등과 함께 밀려드는 '현기증'에 구토가 날 지경이다. 그러나 어떤 식으로든 이삭을 돌려받을 것이란 믿음으로, 손에 쥔 칼을 이삭의 심장에 내리꽂으려는 찰나, 멈추라는 신의 음성이 들려온다. 아브라함은 그렇게 시험에서 벗어난다.

키에르케고르의 해석을 오늘날의 상식으로 살해와 신에 천착할 필요는 없다. 당대 기독교 사회의 비상식과 부조리를 감안한다면, 방점은 신의 시험이 아니라 우리가 보편적 당위로 믿고 사는 도덕과 윤리 체계에 대한 물음이다. 그 대답을 반인륜적 성령에서 찾은 것이다.

그러나 또한 '올바름'이 무엇인가를 묻지 않을 수 없다. 아브라함은 칼을 빼들었고, 곧 멈추었다. 장국영은 총을 빼들었고, 멈추지 않았다. 그러나 그 모두가 자신들이 선택한 주체적 '올바름'이었다. 그 올바름은, 자신이 딛고 있는 도덕과 윤리의 관계망 너머에 존재하는, '단독자'로서의 각성이다.

키에르케고르는 인간의 성숙도를 심미적, 윤리적, 종교적 단계로 구분한다. 심미적 단계는 선택과 책임에 대한 두려움을 회피하며 오로지 순간만을 즐기려 하는 인간상이다. 윤리적 단계의 인간은 관계 속에서 보편적 원칙과의 균형을 유지한다. 도덕적 갈등을 넘어서 신에게 모든 것을 맡기는, '신 앞에서 선 단독자'로서의 신앙적 몰입이 종교적 단계다.

이는 사회학적 분류라기 보단 키에르케고르 자신이 삶으로 겪어낸 경험에 기반하는 것이다. 그의 주제는 이런 개인적 실존이다. 그렇다고 키에르케고르가 법의 테두리 너머에서 개인적으로 심판하라고 주장하는 것이겠는가. 다만 부당하게 강요되고 권고되는 도덕과 윤리의 실체를 돌아보라는 것. 키에르케고르의 '실존'은 교조주의와 관료주의로 변질된 당대 기독교 사회에 대한 비판으로부터 출발한다. 이미 도덕과 윤리의 체계 자체가 도덕적이지 않고 윤리적이지 않은 상황이라면 어떻게 올바름을 판단할 것인가?

성악에 기초하든, 성선에 기초하든, 도덕과 윤리는 사회의 질서를 위해서 지금까지 존속하는 인류의 역사이기도 하다. 그러나 필요한 것은 그것이 과연 올바름인가에 대한 갈등으로 일으키는 '현기증'이다. 우리에게 보편으로 강요되는 모든 것들에 대해 한 번 쯤 '구토'를 내뱉어야 한다. 키에르케고르가 말하는 현기증은 그런 각성의 증상이다.

정의라고 일컬어지는 법마저도 우리의 편이 아닐 때가 있다. 법이 해결해 줄 것이라는 약자들의 믿음이 법의 그물망을 더욱 촘촘히 하고 있는 것이기도 하다. 서민들의 삶을 지켜주는 최후의 안전장치가, 서민들의 실존적 입장에서 발의되는 것일까? 법이 어떤 계층에 의해 만들어지는 것인가를 돌아볼 필요가 있다.

시민 개개인의 각성 그리고 현기증, 그로 인해 쏟아져 나오는 토사물을 뒤집어쓰지 않는 한, 부조리한 체계는 변하지 않는다. 이것이 키에르케고르가 자신이 살아가던 '현대'에 물었던, 지금을 현대로 살아가는 이들에게도 여전히 유효한 물음이다.

시대의 악

키에르케고르의 소명은 기독교의 본질을 밝히는 것이었다. 제자들조차 그리스도를 부인했던 마지막 순간에, 도리어 그리스도에게 충실했던 자는 함께 십자가에 매달렸던 강도뿐이었다. 죄의식을 에워싼 경멸과 굴욕, 삶의 마지막 순간에 느끼는 불안과 공포, 그 부정적 감정 속으로 다가온 진리. 강도는 고통의 절정에 이르러서야 신을 영접하게 된 것이다. 키에르케고르는 고통의 정서를 내적갈등을 통해 도달하는 삶의 깊이로 이해했으며, 진리의 속성을 고통에 대한 성찰로 규정했다. 신앙은 그 고통을 이겨내며 내면을 깨우치는 방법론이다. 따라서 신앙은 고통에서 유발되며, 그렇기에 기독교는 고통의 종교일 수밖에 없다는 결론이다.

신앙이 고통에서 비롯된다면, 세속적인 삶에서 도피하는 방법론보다는 차라리 고통의 실시간적 현장 속에 진정한 신앙이 자리할 수 있다. 키에르케고르의 입장에서 기독교의 긍정론적 감화를 평가한다면, 고통을 당하려 하지도 않고 희생을 치르려 하지도 않으면서, 긍정의 이념에 기대어 자신을 쇄신코자하는 불성실함으로 점철된 '시대의 악'이다.

니체에게 죽음을 선고 받은 신의 무덤은 교회였다. 이는 교조주의에 젖어 있는 기독교에 대한 사형 선고라는 상징이다. 키에르케고르 역시 목회자도 교회도 없는 기독교를 지향하며, 개인적인 성령체험을 강조했다. 이른바 '신 앞에 선 단독자'는, 주체의 자율에 맡기는 경건주의로서, 집단의 율법보다 더 엄격한 윤리라는 역설을 지닌다. 신앙은 더 이상 무시간적이고도 절대적 가치로 존재하는 보편적 관념이 아니다. 개인 각자에게로 회귀하는 신앙으로부터, '지금 여기'를 딛고 서 있는 주체에 대한 철학이 시작되었으니,

이른바 '실존'의 서막이었다.

　우리가 알 수 있는 신이 더 절대적인 것일까? 우리가 알 수 없는 신이 더 절대적인 것일까? 신에 관한 진실을 누가 바로 보고 있는 것인지에 대한 판단조차도 우리가 할 것이 아니다. 데리다의 말마따나 유신론자와 무신론자나 그것이 무엇인지 모른다는 사실만을 공유할 수 있을 뿐이다. 안다고 말하는 행위 자체가, 도리어 무한의 존재를 유한에 가두는 불경이다.

　키에르케고르는 예술가들의 심미적 열정에서 진정한 신앙을 발견한다. 물론 신을 표현한 예술은 신의 무한성을 형상의 유한성에 가두는 작업이다. 그들이 펼쳐내는 신의 형상은 신의 본질이 아닌 그저 인간의 상상일 뿐이다. 그러나 그들은 신에게 닿고자 하는 예술혼으로 각자의 방식을 따른다. 조각일 수도 있고, 회화일 수도 있고, 문학일 수도 있다. 각자가 선택한 유한의 방식 안에서 무한에 대한 각자의 열정을 표출한다. 그것은 종교가 규정한 신의 모습이 아닌 예술가 자신이 느끼고 있는 대로의 형상화다. 그 과정 속에서 무한을 체험하는, 유한 속에서의 무한이라는 아이러니. 키에르케고르가 생각하는 신앙이란, 종교라는 보편적 종합으로의 귀결이 아닌, 각자가 느끼는 아이러니적 편차 자체였다. 보편의 명분으로 율법과 교리를 강요하는 따위가 진정한 신앙일 수는 없다.

　신이 존재한다는 믿음만으로도 인류는 삶의 희망을 부여받을 수 있었다. 그것이 신이 내리는 구원이라면 구원일 것이다. 그러나 구체적으로 어떤 식으로 존재하며 강림한다는 믿음 속에, 많은 인생들이 자신의 삶을 죽음 이후의 시간에 저당 잡히고 만다. 니체는 그래서 과감하게 신에게 사형 선고를 내린 것이다. 신이 사라진 세상에서만이 인간은 신에게 기대지 않고 저 자신을 믿을 수 있다. 그리고 죽음 이후가 아닌 죽음 직전까지의 삶을 사랑할 수 있게 된다. 니체는 그렇게 '믿었다'는, '신은 죽었다'의 역설. 삶을 사랑했던 니체의 철학은 기본적으로 극강의 신앙이다.

확신과 확실 사이

오컴의 면도날

"동수야! 간단하게 말할게!"

"복잡하게 말해도 된다."

개인적으로 영화《친구》에서의 가장 인상적인 장면을 꼽자면, 바로 이 시퀀스다. 설득에 자신이 없을 때, 논리는 복잡해지고 장황해지기 마련이다. 그 복잡과 장황을 도려 낸 본질은 그다지 복잡하지 않다. "니가 가라! 하와이."의 한 문장으로 정리될 수 있을 만큼….

문제와 해결책은 생각보다 가까운 거리에 놓여 있는지 모른다. 돌아가고 둘러가는 길도 먼 훗날에 돌아보면 너무도 가까운 거리였을 때가 있지 않던가. 하긴 막상 그 순간에는 가까운 길인 줄 알고 들어선, '가도 가도 황톳길'이지만….

'오컴의 면도날'은 복잡함을 도려낸 확실함을 기점으로 삼는다는, 경험론의 전제다. 가설은 그저 가설일 뿐이다. 가설도 사실로 확인된 것들을 토대로 증명할 일이다. 확실함을 흔들고 있는 가설이라면 당장에 도려내는 것이 맞다. 확신과 확실은 엄연히 다른 개념이다. 확실은 사실로 '확인'된 것이지만, 확신은 사실일 것이라는 믿음에 불과하다.

착각이 일어나는 지점은 확신과 확실의 경계다. 오해도 나름대로의 이해에서 비롯되기에, 그것이 오해로 증명될 때까지는 자신이 확실히 이해하고 있다고 확신한다. 때론 오해가 증명되어도 그 증명이 오류일 뿐, 자신은 확실히 알고 있다고 확신한다. 자신의 면도날에는 자신의 생각에 반하는 원리들이 도려내지기 마련이다. 그러나 자신에게서 사실로 확인되는 것은 아무것도 없다. 그저 확신만 있을 뿐이다. 그 확신에 종종 확실한 것들의 가능성이 방치되기도 한다.

천동설의 문제점은 행성들의 역주행에 대한 제대로 된 설명을 내놓지 못했다는 것이다. 별들이 왜 주기적으로 반대방향으로 움직이는 것인가를 설명하기 위한 '별의 별' 추론과 공식이 난무하면서 천문학은 점점 복잡해진다. 지동설의 입장에서는, 태양 주위를 돌고 있는 행성들이 지닌 궤도의 길이와 공전속도가 다르기에, 지구가 다른 행성에 앞서거니 뒤서거니 하는 현상으로 설명되는 지극히 간단한 이치다. 그러나 천동설이 진리인 시절이었기에, 어떻게든 천동설에 부합하는 이론으로 설명되어져야 했다. 천동설이 복잡한 이유는 간단하다. 지동설을 거부했기 때문이다.

갈릴레이는 그토록 복잡한 공식으로 증명하려는 원리가 과연 원리일 수 있는가를 따져 물은 것이다. 만약 지구를 중심으로 천체가 도는 것이라면 가장 멀리 있는 별의 공전 속도는 도대체 어느 정도란 말인가. 지구가 돌면 모든 게 간단하게 해결되는 문제를 굳이 복잡스런 진리로 끌어안고 있었던 당대의 철학과 종교와 과학. 이는 마치 판자에 나사못을 박으면서도, 나사못을 돌리는 게 아니라 판자 전체를 돌리고 있던 것이나 다름없었다. 그나마도 못이 박히지 않는 결과였다. 그러나 신은 무한의 존재이기에 그 정도는 일도 아니라는 반박만이 돌아왔다. 갈릴레이…, 환장한다.

갈릴레이가 다시 제시한 반론은, 자신이 직접 만든 망원경으로 발견한 목성의 위성들이다. 목성을 도는 위성이 존재한다는 사실은, 모든 천체가 지구를 구심점으로 돈다는 전제에 반하는 현상이었다. 그 위성들의 구심점은 목성이다. 그러나 돌아온 재반박은, 갈릴레이가 잘못 본 것이었다. 갈릴레이…, 정말 환장한다.

완벽의 오류

'천문학이라는 과학을 통째로 뒤엎어 놓으려는 바보'

종교의 부조리를 성토하며 개혁에 앞장섰던, 나름 시대의 진보였던 마르틴 루터가 쏟아낸 코페르니쿠스에 대한 조롱이다. 루터의 근거는 당대의 절대진리였던 『성서』다. '전환'의 대명사인 코페르니쿠스였지만, 그는 태양을 돌고 있는 행성들의 궤도가 원모양이라는 전제를 버리지 못했다. 그 근거는 신이 내린 완벽한 기하학 도형이 원이라는 믿음이었다. 따지고 보면 자신을 폄하했던 루터와 크게 다르지 않은 경우다.

『코스모스』의 저자인 칼 세이건은 코페르니쿠스를 점성술과 천문학 사이에 존재했던 마지막이자 최초라고 표현한다. 아직까지도 과학이 종교의 그늘에서 벗어나지 못한 시대였던 것이다. 그렇다면 코페르니쿠스가 맹신했던 신과 원의 상관관계는 도대체 어떤 근거에서 비롯된 것일까? 이 비과학적 전제는 플라톤의 이데아까지 소급해야 하는 기원이다.

이데아는 신의 완벽성을 전제로 한다. 감각기관으로 감지하는 현실은 그저 허상에 불과하다. 완벽의 성질은 완벽의 존재들에게만 가능하다. 신이 존재하는 내세가 바로 플라톤의 지향점이었다. 하여 소크라테스는 죽음을 육신의 굴레에서 벗어나는 자유로 간주했고, 플라톤은 인간이 죽어서 이데아의 세계를 경험하고 난 뒤, 다시 다른 육신으로 윤회를 한다고 믿었다. 인도철학은 서양적 사고로 분류된다. 윤회의 담론도 인도의 전유물은 아니다. 플라톤에 의하면 윤회의 순간에 우리는 내세에서 경험한 이데아를 잊어버리게 된다. 삶의 시간 내내 그 잊어버린 이데아를 '상기'해내려는 지적 본능이 이성이며, 그 상기의 도구가 철학이다. 지식에 대한 에로스적 가치, '플로토닉 러브'는 여기서 유래한다.

그러나 이데아가 제대로 설명해내지 못하는 것이 '변화'의 현상이었다. 만물의 현상은 이데아의 반영이다. 삶과 죽음이야 윤회로 설명이 된다손 쳐도, 육체의 성장과 노화는 어떻게 설명할 것인가? 만물의 생성과 소멸은 이데아의 생성과 소멸이 반영되는 것인가? 완벽성으로 설정한 이데아에 '변화'를 말하는 건, 그 자체로 완벽을 부정하는 모순이다. 이 괴리의 지점으로부터 '질료'와 '형상'의 역습이 시작된다.

'변화'를 설명하기 위해 아리스토텔레스는 '동력'과 '목적'의 요인을 제기한다. 질료를 형상으로 존재케 하는 근원적 힘은 신으로부터 나오고, 그 존재목적 역시 신이다. 프로메테우스 신화로 받아보자. 프로메테우스가 흙을 질료로 인간의 형상을 빚은 사건에서, 프로메테우스는 '동력인'에 해당한다. 인간의 형상에 숨결을 불어넣어준 제우스는 '목적인'이 된다. 이 장면을 기독교의 창세기로 옮기면 동력인과 목적인이 일치한다. 여기서 신이 인간을 창조한 목적이 무엇인지는 크게 중요하지 않다. 신이 인간의 목적이란 사실이 중요하다. 인간의 생노병사는 다시 신에게로 회귀하기 위한 목적성으로 흘러가는 '변화'다. 자연의 변화 역시 신을 목적으로 한 생성과 소멸이다.

지금의 상식으로는 납득하기 힘든 논리적 전개이지만, 딱히 논리적으로 이해할 필요도 없다. 마르크스의 지적처럼, 당대를 풍미한 어떤 천재도 그가 처한 역사적 조건을 뛰어넘을 수는 없다.

아리스토텔레스의 철학은 스콜라 시대의 근간이 된다. 'schola'에서 'school'이란 말이 유래되었을 만큼, 수도원을 모태로 하는 단과대 개념이 이때 생겨났고, 과학적 사고가 발달하기 시작한다. 아리스토텔레스가 목적인을 설정한 이유도 신앙의 차원이 아니었다. 신이 창조한 세계를 과학적으로 증명해내고자 했던 시도였으며, 매개로 삼은 원리 중 하나가 바로 중력이었다. 앞서 언급한 바가 있지만, 중력이라는 개념은 뉴턴의 사과로 발견된 것이 아니다. 뉴턴의 과학사적 의의는 지상에서의 중력으로 천상을 해석해냈다는 점일 뿐, 중력 개념은 고대 그리스 시절부터 존재했다. 아리스토텔레스는 이 중력으로부터 목적인을 추출하기에 이른다.

세계는 변화를 전제한다. 이는 시간의 패러다임이다. 공간적 좌표의 변화는 운동을 의미한다. 변화의 목적인은 신이다. 운동의 목적인 역시 신이다. 신은 완벽의 존재이기에 변화와 운동을 전제하지 않는다. 만물의 변화와 운동을 자신에게로 귀결시키는 '부동(不動)의 원동자(原動者)'다. 자신은 움직이지 않으면서 만물을 움직이게 하며, 자신은 변하지 않으면서 만물은 변하게 한다.

지구의 중력 안에서 모든 것들은 지상으로 떨어진다. 아리스토텔레스는 지구로 추락하지 않은 천체들의 운동을 원심력과 구심력으로 이해한 것이다. 천체의 궤도는 원의 모양일 수밖에 없다. 이렇듯 우주의 목적인이 지구라는 지극히 지구중심적 가설로부터 천동설은 나름의 합리성을 유지한다. 그 구심점에 누가 있을까? 바로 신이다. 기독교사회가 지동설을 인정할 수 없었던 이유다. 우주의 중심은 신이 보우하는 지구다. 그 지구의 중심은 바티칸이어야 했다.

신의 결과물인 원은 가장 완벽한 도형일 수밖에 없다. 갈릴레오는 물론이고, 케플러조차도 원의 전제를 포기하지 못 했던 이유는 단순하다. 근대까지도 과학이 아직 신앙에서 벗어나지 못한 상태였기 때문이다. 믿음은 케플러에 의해 깨진다. 케플러는 행성들의 궤도 간격에 어떤 수학적 공식이 존재할 것이라는 가설을 증명하는 과정에서, 행성들의 궤도가 타원형이라는 사실을 발견한다. (태양에서 먼 행성들일수록 원에 가깝다고 한다.) 케플러도 처음에는 완벽의 도형을 버리지 못했다. 그래서 자신의 관측과 계산이 틀렸다고 생각했다. 그런데 오류로 배제되고 있던 결과들로부터 유의미한 상관이 발견된다.

케플러는 기하학의 '완벽'을 뒤엎기 위해서 철학을 끌어

들인다. 신은 완벽한 세상을 내리셨다면, 이 세상은 왜 전쟁과 질병, 가난과 굶주림 같은 온갖 불행으로 병들고 있을까? 지구는 완벽한 존재가 아니다. 그렇다면 다른 행성들도 완벽으로 존재하지는 않을 것이다. 이런 추리 끝에 도출된 반전은, 신이 내린 완벽으로 믿고 있는 것들이 실상 인간들의 자의적 오류일 수도 있다는 사실이었다. 신에게 있어, 원은 타원보다 완벽한 도형이 아니다.

사실과 믿음

우주를 관측할 때는 전파망원경을 사용하지만, 미립자의 세계를 관측할 땐 관측 도구에서 흘러나오는 미세한 전파도 관측에 영향을 미친다. 우리의 관측 도구로 미시 세계를 관측하기에는 관측의 조건이 통제가 안 된다. 할 수 없이 영향이 있는 대로 관측을 하면 또 계산은 맞아 떨어진다. 그렇다 보니 이게 왜 이렇게 되는지는 모르겠는데, 또 계산은 된다. 이게 불확정성 원리다.

지금도 우리의 감각에는 천동설이 맞는 건, 우리가 딛고 있는 관측 조건 때문이다. 지구에서 관측한 결과에 따라 명왕성도 태양계 안이었다가 태양계의 밖이 된다. 그렇다면 과학이란 게 과연 자연 그 자체에 대한 해명일까? 아니면 우리가 이해할 수 있는 방식대로의 해명에 지나지 않는 것일까? 흄은 과학조차도 심리적 인과일 수 있다고 말한다.

상식적으로 우리의 우주가 '빅뱅'으로부터 비롯되었다고 알고 있지만, 생각해보면 그도 다소 모순이다. 폭발의 원인이 있었을 것이 아닌가. 시간이 생겨나기 이전부터 그 시간의 원인이 되는 시간이 존재해야 하는 모순이다. 그 이전에는 無였단 말인가? 과학자들의 대답은 '모른다'이다. 우리가 속한 우주의 시작을 거슬러 가보니 그 기점이 빅뱅이란 거지, 이게 천지창조의 지점이란 건 아니다. 과학은 인간의 지평으로 알 수 있는 것들만 증명해낸다. 그 너머는 미지의 영역이다.

우리가 지평이 닿는 곳, 그 인식의 범주까지가 세계다. 그 바깥은 아직 탐구가 필요한 영역이다. 미지의 영역으로 조금씩 넓혀감에 따라 세계도 넓어지며, 그런 확장은 이미 경험된 것들로 생성해 내는 결과이기도 하다. 우리는 항상 가지와 미지의 경계에 있다. 우리가 소유할 수 있는 세계는 언제나, 화이트헤드가 말하듯, '과정으로서의 실재'다.

경험론은 신의 존재를 이성으로 증명하겠다는 합리론의

독단에 맞선 시대정신이었다. 인간이 알 수 없는 영역에 대해서는 입을 닫아야 하고, 우리는 우리가 알 수 있는 것들에 대해서만 말해야 한다는, 겸허 속에서 튀어나온 키워드가 '경험'이다.

스피노자에 따르면, 전제가 틀렸다는 사실을 의심하지 않기에 결론 또한 그 전제를 수반한다. 스피노자는 합리론으로 분류되지만, 경험론은 스피노자의 논리를 수용한다. 스피노자는 스스로를 합리론자라고 생각했을까? 후대에 의한 편의상의 분류일 뿐, 경험론과 합리론의 경계가 확연한 것도 아니고 상보적인 면도 있다. 경험론자들은 경험이 전부라는 주장을 펴는 게 아니다. 합리론이 전적으로 틀리다는 이야기를 하는 것도 아니다. 공자(孔子) 식의 화법을 빌리자면, 우리가 알 수 있는 것들에 대해서는 확실히 알고 있는가를 따져 물은 것이다. 아직 알지 못하는 것들과 끝내 알 수 없을지 모를 것들에 대해서는 말을 아껴야 한다.

믿음의 오류

인식의 구성

베이컨의 4대 우상.

"쟤가 우리 반에서 제일 예쁘지 않냐?"

동굴의 우상. 정저지와(井底之蛙)의 오류. 진리의 범주를 넓힐 필요가 있음.

"요즘엔 저런 얼굴형이 미인이야."

시장의 우상. 의사소통 과정에서 발생하는 오류. 언어와 실재를 혼동하는 경우.

"전형적인 미인상 아니야?"

극장의 우상. 전통과 권위를 답습하는 오류.

"나는 우리 딸이 제일 예쁘더라!"

종족의 우상, 소속의 입장만을 반영하는 주관의 오류.

　사실인지야 알 수 없지만, 양귀비는 오늘날의 미학 기준에서는 다소 벗어난 범주의 미인이었다고 하지 않던가. 시대별로 공유하고 있는 미적 기준이 다르기에, 국사까지 그르친 당현종(玄宗)을 이해해 볼 도리가 없는 것이 윤리적 가치에 한정되는 문제만도 아니다. 양귀비가 오늘날에 태어났다면, 그저 평범한 여인의 삶을 살다 갔을지도 모를 일이다. 양귀비 저 자신은 그저 꽃다운 나이의 양옥환이었을 뿐인데, 그녀를 바라본 시대의 안목 때문에 팔자 사나운 여자로서의 사료로 남았다. 그러나 지금의 시대에도 풍만한 여성상을 좋아하는 남자들은 분명 존재하기에, 아름다움이란 시대차이기에 앞서 개인차이기도 하다.

　로크에 의거하자면, 사물 자체가 지니고 있는 성질은 '제1성질'에 해당하고, 그 성질을 각자의 성향대로 인식하는 경우가 '제2성질'이 된다. '제 눈의 안경'이라는 각자의 차이는, 제2성질에 관한 차이이며 개인적인 경험의 결과다. '아름다움'은 대상이 지닌 성질이라기 보단 관찰자의 시선에 담긴 성질이며, 인류는 다행히 서로 다른 미학의 기준으로 사랑을 하기에 다양한 유전자들이 공존할 수 있었던 것이기도 하다. 만약 보편적으로 美를 판단하게 된다면, 남자들은 차은우가 아닌 죄를 스스로에게 물어야 할 판이다.

합리론과 경험론을 종합했다는 칸트가 주목한 지점이, 이렇듯 '차이'로 갈라지는 인식의 개별성이다. 감각기관은 선천적으로 주어진다. 기관들의 기능도 선천적인 것이지만, 어떤 식으로 감지하느냐는 저마다가 겪은 경험의 산물이다. 시대정신의 영향 혹은 개인의 역사에서 습득된 미학적 가치들로 미인이 변별되는 것처럼 말이다.

감각은 자극을 느끼고, 지성(오성)은 자극의 기억을 반추하며 그 과정에서 일정한 미적 규칙을 발견한다. 가령 장원영도 예쁘고 안유진도 예쁜데, 그녀들이 공유하고 있는 어떤 특징들에 끌리고 있다는 사실의 자각, 이것이 지성의 기능이다. 그 미적 규칙이 '여자아이돌'이라는 하나의 원리로 통합될 수 있다는 결론, 이것이 이성의 기능이다. 그러나 아름다움의 속성은 장원영과 안유진이 지니고 있는 게 아니다. 바라보는 이들의 판단이다.

드물겠지만, 장원영과 안유진에게서 아름다움을 느끼지 못하는 남성들도 존재할 것이다. 따라서 그녀들의 외모가 절대적 아름다움인지에 대해서 우리는 판단할 수 없다. 대상이 인식에 관여하기 이전에 인식이 대상을 구성하기 때문이다.

우리는 세계를 각자의 관점에서 바라본다. 그리고 각자의 세계를 소유한다. 그 각자가 관점에 서려 있는 지향성을 걷어내고서 세계 그 자체를 바라볼 수 있을까? 인식이란 그런 관점이 투영된 결과다. 그 너머에서 있는 순수한 대상에는 닿을 수 없다. 이것이 바로 '물자체(物自體)' 개념으로 칸트 철학의 핵심키워드다.

견해만큼의 진실

고속도로 휴게소에 들어서는 운전자들의 목적은 서로 다르다. 누군가는 간단한 요기를 하기 위해서, 누군가는 밀려드는 졸음을 쫓아내기 위해서, 누군가는 참을 수 없는 배변의 욕구를 해결하기 위해서이다. 저마다의 상황은 휴게소가 제공하는 서비스의 배치를 저마다의 관점으로 읽어낸다.

휴게소로 진입하는 목적에 따라, 시야에 맺히는 기능의 배열이 서로 다르듯, 우리는 자신이 처한 심적 '결여'를 채울 수 있는 구성으로 세계를 인식한다. 즉 한 사건이 누군가에게 인식되는 조건이 서로 다른 것. 진리의 문제도 마찬가지라는 것이 바로 '견해만큼의 진리가 있다'는 현상학의 요지다.

각자가 지닌 이런 목적적 성향을 '지향성'이라고 일컫는다. 눈에 보이는 모든 것을 보고 있는 것은 아니다. 각자의 지향성이 가닿은 대상의 조합으로 구성된 세계를 인식할 뿐이다. 지향성이란 단어의 뜻 그대로 무언가를 향해 있는 마음의 속성은 결핍을 전제로 한다. 마치 빈 공간을 채워줄 퍼즐조각을 찾아내듯, 우리의 인식은 갈구의 목적성을 동반한다. 결핍의 성질은 개인마다 다르다. 따라서 인식의 성향도 개인마다 다를 수밖에 없다.

우리는 스스로에게 의미화가 될 수 있는 기준에 따라 세계를 인식한다. 인식이란 것은 각자가 딛고 있는 패러다임과 각자에게 작동하는 메커니즘 안에서의 인식이다. 저마다의 생활체계를 관통하는 시선의 습관, 그 관점대로 각자의 세계를 바라본다.

관점주의가 곧 상대주의와 동의어인 것은 아니다. 상대주의란 '~에 대한' 다름을 존중하는 것이라면, 관점주의는 차이 그 자체에 대한 존중이다. 그럼 후설이 '견해만큼의 진리'를 다 존중하자고 말하는 관점주의냐 하면, 또 그렇지도 않다. 견해만큼의 진리가 있다는 건, 누구의 견해도 진리로 확정할 수 없다는 의미이기도 하다. 하여 잠정적인 판단에 신중을 기하는 '에포케(판단중지)'가 오히려 그를 대변하는 키워드인지도 모르겠다.

결핍과 충만으로의 끌림

헤겔의 변증법에 관한 두 가지 해석 방법이 있다. 철학에 관심이 있는 사람들은 익히 들어봤을, 정(正)은 반(反)의 작용을 거쳐 합(合)의 자리로 수렴된다는, '지양'의 전개가 그 중 하나다. 또 다른 하나의 해석은 반으로부터 정이 발견되는, 한문학에서 노자를 해석하는 방법론이기도 하다. '있다'는 '없다'의 개념을 전제해서만 존재할 수 있다. 있고 없음은 서로에게 상감(象嵌)되어 있는 형국이다. 이 세상에 오직 나 홀로 존재한다면 굳이 '나'라는 개념이 필요 없다. '너'가 있기에 '너'와 구분되는 '나'도 존재할 수 있는 것이다. 마찬가지로 '나'가 있기에 나 이외의 '너'와 '그들'이 있는 것이기도 하다.

"타인보다 우수한 것이 고귀한 것이 아니다. 진정 고귀한 것은 과거의 자신보다 우수한 것이다."

헤밍웨이의 어록을 예로 들어보겠다. 과거의 시점에서 본다면, 과거 자신의 지평까지가 자신의 전부였을 뿐, 지금과 같은 자신의 상태는 없었던 것이다. 그렇다면 자신에게 결코 가능성이 없었던 반성은 어떻게 내 의식에 참여하게 되는 것일까? 그 반성적 동기는 외부에서 도래하는 자극에 의해서이면서, 또한 그 동력은 내게서도 無로 내재해 있다. 無는 그런 잠재성이다. 헤겔의 어록을 그대로 인용하자면, 나를 반성시키는 외부적 사안은 이미 내부에 존재하는 것이기도 하다.

사르트르의 『존재와 무』를 간단히 요약하자면, 인식이란 어떤 결핍의 속성을 내재하고 있다는 이야기다. 그 '텅 빈 의식'을 메우고자, 비어 있는 속성에 준하는 '생각'이란 걸 하게 된다. 인식의 전제조건은 결핍이다. 그 결핍에 준하여 존재가 결정(結晶)된다. 하여 '존재는 無'다.

무한히 열린 공간에서는 도리어 방향성을 잃기 마련이다. 막막한 사막과 망망한 대해는 무한히 열려 있지만, 방향의 선택이 무의미한 것은 닫혀 있는 공간과 별반 다를게 없다. 어디로든 갈 수 있는 상황은, 어디로 가야할지를 모르는 상황이나 마찬가지다. 때문에 사르트르가 정의하는 자유 역시 결핍을 전제로 하는 가능성이다. 결핍이 인도하는 방향성 안에서의 선택이 자유일 수 있다. 사르트르가 정의한 사랑에 빗대자면, 그 혹은 그녀가 아니면 안 되는 결핍의 문제에, 다른 수많은 선남선녀가 대안일 수 없는 것과 마찬가지다.

결핍의 스펙트럼 내에서는 얼마든지 자유로운 선택이 가능하기에, 아직 아무것도 정해지지 않은 '익명의 無'가 어떤 양상으로든 전개될 수 있다. 자신의 취향을 저격하는 조건의 이성들이라면 얼마든지 고백의 자유가 보장된다. 다만 자신의 결핍감을 채워 줄 이성들에게도 거절의 자유가 있다. 그들 혹은 그녀들에게 당신은 결핍의 대상이 아닐 수도 있다. 때문에 나의 자유만으로 옭아맬 수 없는 '타인은 지옥'인 것이지만, 그 불확실성이 너와 내가 만나 서로 사랑할 수 있는 인연의 가치를 드높이는 것이기도 하다.

들뢰즈 같은 철학자는 결핍의 방식 그 자체로 가능성을 미리 한정하는 성격이라고 반박한다. 자신의 지향성과 결이 다른 가능성은 열리지 않는다. 자유라기 보단 고정관념이다.

결여가 아닌 충만으로 해석한 철학자가 퐁티다. 이를테

면 배가 고픈 상태를 음식의 결여로 해석할 것이냐, 식욕의 충만으로 해석할 것이냐의 문제다. 퐁티는 결핍을 전제로 하지 않는다. '우리는 결코 無속에 머물러 있지 않다'는 입장이다. 그의 키워드는 인식 주체로서의 '살'이다. '모든 사고에 앞서 스스로 우리의 경험에 끊임없이 현존하는 잠재적 지평으로서의 몸'이 지각의 근거다. 세계의 실제적인 장(場)에 참여하는 건 신체이기에, 실질적인 지평은 정신보다 신체에 더 많이 축적된다. 조금 의역하자면 인문적 지성보다는 인문적 체험이 더 중요하다는 이야기다.

기존의 철학에 대한 퐁티의 지적은, 세계 밖에서 세계를 관찰하는 입장이었다는 것. 그러나 내가 인식하고 있는 세계는, 이미 내가 그 세계의 일부로 참여하고 있기에 인식도 가능한 것이다. 우리는 '나'라는 하나의 간격을 통해서 세계와 연결된다. 그 자체로 완성품인 세계를 인식하는 것이 아니라, '나'라는 인식 주체가 하나의 퍼즐 조각으로서 참여하고 있는 퍼즐 전체의 세계를 인식하는 것이다. 따라서 '나'는 그 세계의 생리를 매개한 채로 세계에 참여하며, 그 지평으로 다시 자신을 포괄하고 있는 세계를 인식한다.

사르트르가 '지옥'이라며 표현했던 타인은, 퐁티에게서 공감의 전제가 된다. 주체는 이미 세계의 한 표집으로서 세계에 참여하고, 그 참여의 지평으로 다시 세계를 인식하는 순환의 상태다. 홀로 거울을 보면서 치장을 하지만, 그 거울 안에서 이루어지는 치장의 기준은 이미 타인의 시선이지 않던가.

일상성의 바깥에서

우리가 문을 열 때, '저기 문이 있다. 열어야지!' 하면서 열지는 않는다. '문이 거기 있다'는 사실을 새삼 자각하게 되는 순간이 언제인가 하면, 그 문이 열리지 않을 때이다. 평소에는 의식적하지 못할 정도로 익숙해진 감각 안에서는 너무 당연하고 자연스러운 것이기에, 그 일상성 속에서는 '은폐'된 그것의 기능이 새삼스레 '폭로'되는 순간이다. 그런 일상성이 방해받는 순간에 다가오는 각성은, 견지해오던 시간의 결을 거스르는 사건을 통해서다. 하이데거의 용어로는 이런 경우를 '존재사건'이라고 하다.

하이데거는 이런 맥락에서 예술의 비일상성을 설명한다. 뒤샹의《샘》이란 작품을 예로 들어보자면, 변기가 화장실에 있을 땐 '저기 변기가 있다' 하면서 변기 앞으로 다가

가는 건 아니다. 그것이 변기라는 사실이 특별해지는 순간은 변기가 화장실이라는 일상 체계의 바깥으로 나와 있을 때이다. 갤러리에 전시가 되면, 거기에 변기가 있다는 사실이 더욱 특별해진다. 화장실의 도구가 화장실을 벗어나 일상의 기능을 잃어버렸을 때, 비로소 우리의 의식 안으로 변기가 '나타나는' 셈이다.

"이 구두라는 도구의 밖으로 드러난 내부의 어두운 틈으로부터 들일을 하러 나선 이의 고통이 응시하고 있으며, 구두라는 도구의 실팍한 무게 가운데는 거친 바람이 부는 넓게 펼쳐진 평탄한 밭고랑을 천천히 걷는 강인함이 쌓여 있고, 구두 가죽 위에는 대지의 습기와 풍요함이 깃들여 있다. … 이 구두라는 도구에 스며들어 있는 것은 빵의 확보를 위한 불평 없는 근심과 다시 고난을 극복한 뒤의 말없는 기쁨과 임박한 아기의 출산에 대한 전전긍긍과 죽음의 위협 앞에서의 전율이다. 이 구두라는 도구는 대지에 속해 있으며, 촌 아낙네의 세계 가운데서 보존되고 있다."

고흐의 구두 그림에 대한 하이데거의 해석이다. 하이데

거 철학에서의 '도구' 개념은, 꼭 그것이 지닌 기능성에 대한 이야기라기 보단, 세계와 관계를 맺고 있는 존재방식에 관한 설명이다. 그림 속의 구두는 그저 그림 속의 구두일 뿐 일상 세계 속에 놓여 있는 것이 아니다. 일상 세계와의 연계되어 있는 것은 차라리 그림 자체가 지닌 감상 도구로서의 기능이다. 하이데거는 이렇게 비일상적인 세계에서 도구의 본질이 드러난다고 말한다. 이게 무슨 말인고 하니, 변기가 화장실 밖으로 나와 갤러리에 전시되었을 때 차라리 그 도구성을 드러내는 것처럼, 구두 역시 그림으로서의 비일상적 세계에 놓여 있을 때 '구두'라는 사실이 특별해진다는 이야기다.

그림 안의 구두는 일상적인 세계에 놓인 것이 아니다. 그리고 그것은 감상자들에게 말을 건네 온다. 작업 현장에 놓여 있는 노동자들의 구두를 우리는 그냥 무심코 지나치기 일쑤, 고흐의 그림에서와 같은 감흥과 사유가 일어나지는 않는다. 그런 '낯설게 보기'는 일상성이 배제되는 순간에 다가온다. 하이데거는 그 비일상성을 예술의 근원으로 보고 있는 것이다. 비일상성으로 존재하는 그림 속의 구두가 차라리 그것이 '구두'라는 사실을 드러낸다.

고흐의 작품에 대한 하이데거의 견해는, 미술사가(美術史

家) 샤피로와의 논쟁으로도 유명하다. 샤피로는 그림 속의 구두가 농부의 것이 아니라 고흐 자신의 것이라면서, 하이데거의 회화론은 미술사적 지식의 결핍에서 기인하는 오류이며 무지한 상상력에 의해 고안된 허구라고 비판한다. 그러나 하이데거의 설명에서는 구두가 누구의 것인지가 중요한 문제는 아니다. 때문에 미술사적 입장에서 하이데거를 비판했던 샤피로는, 미학사에선 '난독증'의 사례로 비판을 받는 경우다.

훗날 데리다의 지적은, 그림이 담고 있는 진리가 결국 하이데거의 이념적 자화상에 지나지 않는다는 것이다. 고흐의 작품 속의 구두를 한 켤레로 보아야 할 근거가 전혀 없다. 그것이 촌 아낙네의 것인지 고흐의 것인지는 상관없지만, 그림을 그리기 위해서 서로 다른 스토리를 지닌 한 짝 씩을 가져다 놓은 것인지도 알 수 없는 노릇이다.

그림 속의 구두는 그 무엇도 말해주지 않는다. 그림은 실상 아무것도 재현하지 않는다. 진리는 그림이 담고 있는 것이 아니라, 그것은 감상하는 이들 각자에게 내재되어 있다. 고흐의 그림으로부터 자신의 군대시절을 떠올리는 남자들도 있을 터, 결코 고흐의 의도대로 받아들이는 게 아닌, 그 구두가 놓여 있었던 어느 장면에 관한 나의 체험적 인문을 통해 이해하는 것이다. 어떤 선지식과 편견 혹은 권위적 지식에 방해받지 않고 자신이 살아온 시간을 투영하는 그들 각자의 감상이 존중되어야 한다는 데리다의 주장. 그런데 실상 이는 하이데거도 이미 언급했던 존재론의 주제이기도 하다.

하이데거는 미적 차원을 넘어 진리와의 관계 속에서 고찰한다. 그의 대표 저서인『존재와 시간』은, 각자가 소유한 시간성의 결에 관한 이야기다. 각자가 살아온 시간이 누적된 각자의 성향, 그 인식의 조건이 '존재' 개념이다. 저 사람은 도대체 왜 끝까지 저럴까? 이게 그에게는 그렇게 어려운 일인 건가? 그가 그렇게 사유할 수밖에 없는 인식의 토대를 이루는 성분이 결국 그가 겪어온 시간이라는 것.

그 시간의 타성과 관성이 공고히 지어올린 체계를 벗어나지 않는 한, 그 일상성 안에서는 나의 존재가 잘 해명되지 않는다. 한때는 음악에 관한 꿈을 지니고 있는 청춘이었는데, 한때는 화가를 꿈꿨었는데, 한때는 문학소녀였는데, 이제는 그 시절이 거짓말처럼 느껴질 만큼 이토록 멀어진 세월. 매일같이 반복하는 지금의 일상에서만큼 우리가 잘 안 드러나는 시간도 없지 않던가. 이언이 엄마와 민부장로서의 일상, 그 생활체계는 우리가 누군가였는지를 기억해주지 않는다.

음악과의 관계, 그림과의 관계, 글과의 관계, 내가 세상과 맺었던 방식을 잊어버리고 사는 시간. 삶의 어느 순간부터 그 손을 놓쳐버리고 떠나온 삶의 미학. 그러나 놓아버린 그 자리에서 아직도 나를 기다리고 있을지 모를 그것들.

우리가 떠밀려가는 일상의 시간성 안에서는 그 본질이 자각되지 않는다. 그 일상성에 균열을 일으키는 사건이 도래한 순간에야 각성도 가능하다. 어느 날 다시, 자신이 어릴 적에 지녔던 꿈을 되찾기 위해 삶을 재정립하는 경우처럼, 그런 각성에 의해 '이제까지 겪은 시간'과는 다른 '이제부터 겪게 될 시간'이 열린다.

피투(被投)와 기투(企投)의 개념은 삶을 대하는 태도의 차이다. 그저 삶 속에 내던져진 존재가 아닌, 스스로 삶 속으로 뛰어드는 존재로 거듭나야 한다. 삶을 대하는 그 태도부터가 이미 컨텐츠다. 그 시차(視差) 속에, 누군가는 시간의 흐름에 떠밀려 살아가고 누군가는 타성과 관성에 저항하며 매 순간을 산다.

무한의 이념

시간과 타자

　한 여인이 어느 마을을 방문했다가, 주일이 되어 그 마을의 성당을 찾았다. 설교 중이던 신부의 입에서 농담이 흘러나왔고, 그녀만 웃지 않았다. 신부의 유머가 그녀에게는 전혀 웃기지 않았던 이유는, 그녀가 다른 교구 소속이었기 때문이다. 베르그송이 언급하고 있는 이 일화는, 웃음이란 것도 그가 속한 집단을 대변하는 '코드'라는 함의다.

　하이데거의 철학에서 '존재자' 개념은 존재하는 것들의 존재방식이고, '존재'는 '존재자'의 존재근거다. 쉬운 예로 기독교인들의 존재방식은 기독교라는 존재근거 안에서 작동한다. '존재'는 일정의 가치를 매개한 일관된 시선 끝에 놓인 인식의 조건이다. 세계를 조망하는 시각은 이미 자신이 참여하고 있는 세계를 매개로 다시 그 세계를 인식하는 순환의 결과다.

우리는 결코 타인의 시선에서 자유로울 수 없다. 타인의 시선으로 스스로를 검열하기도 하며, 내가 그 시선의 일부로 참여하여 또 다른 타인을 판단하기도 한다. '남들처럼' 혹은 '남들만큼'은 살고 싶은 욕망이, 결국엔 '나'의 가치이도 하다는 역설, 고로 나와 타인은 '우리'라는 연대의식을 공유하는 '타자'다.

'他者'라는 단어 자체가 지니고 있는 '다른'의 속성과는 달리, 이런 타자의 명분은 '동일화'의 도덕적 근거이며 심판의 기능을 지니고 있기도 하다. 비근한 예로 들 수 있는 경우가 '그러고 다니면 남들이 욕한다'는 부모님들의 어록 속에 자주 등장하는 그 '남들'이다. 이 타자를 극한으로 밀어붙인 개념이 인류가 만들어낸 '신'이었다는 게 사르트르의 무신론이다. 따지고 보면 인류사에 존재하는 신의 심판 모두가 '우리'의 타자적 가치에 반하는 '그들'을 향한 것이지 않았던가.

그러나 '그러고 다니면 남들이 욕한다'는 말의 솔직한 해석은, 남들이야 어떻든 지금 당장에 내 입에서 욕이 나올 지경이라는 의미다. 반대 경우인 '남들은 괜찮다던데'라는 표현 역시, 남들이야 어떻든 내가 마음에 든다는 속내다. 때로 '남들'은 그저 내 견해에 정당성을 서포트하는 허상의 다수에 지나지 않다. 실상 이런 '타자'는 동일한 생각으로 뭉쳐 있는 존재들이 아니다.

반론의 근거는 서로 다르면서도, 어쨌거나 그들 모두가 '반론'에 동의하고 있기에 하나의 진영이 된다. 반론의 이유는 다양하지만, '그것은 안 되는' 반대의 대상이 같다는 이유로 집단의 공동선이 되어버리는 것이다.

레비나스는 전체주의가 이기심의 발로라는 사실을 꼬집는다. 또한 동일화의 근거로 작용하는 '타자'가 지니고 있지 않은 '타자성'에 대해 따져 묻는다. 타인은 결코 나의 지평으로 귀속될 수 없는 존재임에도, 우리는 부단히도 남을 나의 상식으로 이해하려 든다. 때로 교정하려 든다. 여기서 펼쳐지는 역설은, 자신의 독단을 뒷받침해줄 근거로 '타인'을 들이민다는 점이다. 남을 지적하는 근거로, 자신의 견해에 동의한다는 불특정 다수의 '남들'을 제시하는 것이다. 그러나 비극은 지적당하고 있는 대상 역시 만만치 않은 다수의 '남들'을 지니고 있다는 점이다.

그들의 존재방식을 인정해주면 그만인 일에 왜 그렇게

도 타인의 고집을 꺾으려 고집을 피우는 것일까? 자신의 생각이 틀리지 않다는 것을 확인하고 싶어 하는, 존재감에 대한 강박이다. 경중이 다를 뿐, 우리는 모두 이런 정신적 결핍을 지니고 살아간다. 그 자기애를 확인하기 위해 기대는 언덕이 결국엔 '남들'이다. 그러나 진정한 타인의 가치는 허상 속의 있지 않다.

들뢰즈는 주체를 하나의 '아비투스', 즉 습관으로 표현한다. 인식의 토대는 기억이다. 주체는 과거의 산물이다. 그저 의식의 흐름대로 떠밀려 가는 상태와 생각이 일어나고 있는 상황은 다르다. 생각이 일어나는 순간은, 나와 다른 가치들과 마주하는 시점이다. 다른 지향성으로 살아가는 타인들과의 충돌로 인해 '반성'이 일어나게 되는 것이다.

타인의 삶

영화 《타인의 삶》에서, 동독 시절의 정부요원은 자신이 감시하던 작가에게 감화를 당한다. 이 서사는 레비나스가 말하는 타인의 의미를 단적으로 보여주고 있다. 그가 작가의 방에서 몰래 훔쳐온 책의 저자는 '브레히트', '낯설게 보기'라는 문학 이론으로 유명한 극작가다. '소격효과' 혹은 '소외효과'라고도 하는데, 말 그대로 익숙함을 소외시키는 지점에서부터 창조적 예술이 시작된다는 이론이다. '나'라는 익숙함을 소외시키는 순간에야 비로소 다른 지평이 열리기 시작한다.

레비나스는 타인을 '내일'이라고 표현하기도 한다. 타자와의 차이를 통해, 타자와의 관계 속에서 새로운 시간이 발생한다. 우리의 내일은 타인이라는 '무한한 이념'에서 발견할 수 있다. 문학만 읽어서 훌륭한 문인이 될 수 있을까? 철학만 읽어서 그 철학의 지평이 얼마나 넓어질 수 있을까? 나와 당신이 어제의 문학과 철학에 갇혀 있는 이유가 아닐까?

나와는 방향을 달리하는 다른 가치 앞에서 고개를 드는 반성적 의식, 사르트르는 그것에 수치심에 빗대고, 레비나스는 상처라고 표현한다. 그래서 우리는 나와 다른 가치들을 잘 인정하지 않고 곧 죽어도 자신을 고집하는 것이다. 그러나 사르트르가 말하길, 우리는 우리의 자유에 대해서만 수치심을 가질 수 있다. 레비나스가 말하길, 상처받을 수 있는 능력이 건강한 자아의 전제다. 포용과 이해의 경계까지가 당신이 지닌 자유의 범주이며 당신이 지닌 사유의 건강도이다. 부단히도 상처와 수치심을 회피했던 자신을 신뢰한 결과가, 지금의 '나'는 아닐까?

아르키메데스의 점

영국의 근위병이 자신이 쓰고 있는 긴 모자 끝에 브로치를 달려고 했는데, 손이 닿지 않았다. 그래서 의자를 밟고 올라섰다. 손이 닿지 않는 이유는, 모자는 길고 팔은 짧아서이다. 결코 의자가 낮아서가 아니다. 우리는 종종 이런 우스꽝스러운 오류를 범한다. 기껏 생각해낸다는 것이, 자신이 디디고 있는 무언가의 높이를 높이는 것이다. 아무리 높여보아도 등거리로 밀려난다.

한비자의 말을 빌리자면, 시선이 닿을 수 없는 유일한 지점이 바로 그 시선의 근원지다. 하여 반성의 거리를 유지하기란 쉽지 않은 일이다. 때문에 '나'라는 인식의 필터가 때로 인식의 가장 큰 장애물인 경우가 일반적이다. 그러나 스스로에게는 이 장애물이 발견되지 않는 경우 역시 일반적이다.

지렛대는 기원전 2500년부터 사용되어 왔지만, 그 원리를 최초로 규명한 수학자는 아르키메데스라고 알려져 있다. '아르키메데스의 점'은 충분히 긴 지렛대와 그것이 놓일 장소만 주어진다면 지구라도 들어 올리겠다던 아르키메데스의 어록에서 유래한다. 이는 '변화'에 대한 비유다. 지구를 딛고서 지구를 들어 올릴 수는 없듯, 지구의 위치를 바꿀 수 있는 지레의 받침점은 지구 밖에 있어야 하고, 내리누르는 힘점은 더 먼 곳에 존재해야 한다. 지레 길이만큼의 반성적 거리가 확보되어야 변화도 가능하다. 그 지레 길이는 곧 자신에게서 멀어져야 하는 거리이기도 하다. 소위 '개념 없는' 이들에게 필요한 힘점은 정말 안드로메다쯤인지도 모르겠다.

고집이 센 사람들은 남의 고집을 참아내지 못한다. 급기야 자신의 고집을 설득하려 드는 상대를 고집쟁이로 몰아간다. 자신의 생각은 자신에겐 지극히 합리적이기 때문이다. 그런데 누가 정말 고집쟁이이고 누가 억울하게 고집쟁이로 몰린 대상인지에 대한 문제는, 늘 변별이 쉽지 않은 애매한 구도다. 내가 그 사람을 답답해하는 만큼, 그 사람 역시 내가 답답할 뿐이다. 누구나 다 자신이 지닌 신념이 틀리지 않다고 생각한다.

니체에 따르면, 신념은 거짓말보다 위험하다. 거짓말 뒤엔 감추어진 진실이 있기라도 하지만, 신념 안에서는 진실인지 거짓인지의 판단 자체가 불가하기 때문이다. 물론 자신을 믿는 것은 필요한 덕목이다. 그러나 자신을 신뢰도로 간주하는 것은 별개의 문제다.

3.

_____

철학과
정신분석

무의식과의 대화

지킬 박사와 하이드

불교의 유식론(唯識論)에서는 의식의 기저에 자리한 '마나스식'과 '아뢰야식'이란 개념이 있다. 이걸 프로이트의 용어로 바꾸면 전의식과 무의식 정도의 싱크로율이다. 즉 정신분석은 인도철학에서 팁을 얻은 경우다. 프로이트 당대에는 이미 정신분석이 유행하고 있었다. 정신분석의 새 지평을 연 것은 사실이지만, 정신분석의 영역 자체를 프로이트가 창안한 건 아니다.

인도철학과 정신분석의 가교 지점이 되는 철학이 쇼펜하우어와 니체다. 특히나 프로이트는 니체의 철학을 일부러 읽지 않았단다. 자신이 심혈을 기울여 연구한 결과물들이 니체가 철학적 직관으로 써 내린 페이지들과 별반 다르지 않았다는, 약간의 자괴감으로 니체의 천재성을 인정하기도 했다. 그런 니체가 철학에 발을 들이게 된 단 하나의 동기, 쇼펜하우어는 인도 철학을 베이스캠프로 삼아 칸트의 철학을 개진한 경우다.

칸트의 철학도 불교의 유식론과 크게 다르지 않은 도식이다. 칸트의 『순수이성비판』은 세계를 인식하는 이성의 작용과 세계 그 자체의 관계를, 이를테면 공(空)과 색(色)으로 이해하며, 당대까지 이성에 부여해 왔던 완전성의 명분을 비판한 것이다. 아무리 보편적으로 인식하려 해도, 그 시선에 일말의 주관이 섞여들지 않을 수 없을 뿐더러, 이성이라는 명분도 결국엔 각자의 지평 내에서의 인과라는 것. 또한 이성만으로는 잘 해명되지 않는 감흥과 충동에 관한 이야기를 『판단력비판』에서 다루고 있다.

'의지' 개념은, 인과성으로 사유할 수 없어, 그저 느낄 수밖에 없는 무의식의 영역에 관한 해명이다. 쇼펜하우어의 키워드 중에 '표상'이라함은 인간의 사고능력으로 인식하고 추론할 수 있는 의식의 세계다. 즉 이성이 닿을 수 있는 모든 시공간이다. 이성에서 벗어나 무의식을 경유하는 영역에 의지가 관여한다. 이런 구도는 훗날 프로이트가 제시한 에고(ego, 자아)와 이드(id, 원초적 자아)의 다름 아니다.

지킬 박사는 나중에 가선, 약물이 없어도 하이드로 변신을 했다. 지킬 박사는 왜 하이드가 되고 싶었을까? 쇼펜하우어의 철학으로 설명하자면, 애초부터 괴물로 변하는 약물 같은 건 이 세상에 존재하지 않았다. 도덕과 욕망 사이에서 갈등하던 지킬 박사가 만들어낸 사후적 변명에 불과할 뿐, 차라리 지킬 박사의 본 모습은 하이드다. 이유 없이 끌려가고 있음에 대한, 부질없는 원인 규명의 노력 끝에 깨닫게 되는 건 결국엔 내가 그것을 욕망하고 있었다는 단순한 사실 뿐이다. 소설의 결말에서 밝혀진 반전 역시 하이드의 시체로 발견된 지킬 박사였다.

'의지'는 의식적인 판단보다 더 깊은 내면에 숨겨져 있는 맹목적인 충동이다. 니체의 표현을 빌리자면, 이유가 분명하지 않아도 '하고 싶다'라고 느끼고 있는 것들에 관한 이야기다. 그리고 이 의지의 대표적인 사례가, 내 마음인데 내 마음대로 할 수 없는, 사랑이라는 '화려한 절망'이다. 쇼펜하우어가 내장 근육에 빗대었듯, 사랑이란 게 어디 내 의지대로 되는 일이던가. 그것은 무의식의 의지다.

그러나 아직은 칸트의 영향권에 있던 쇼펜하우어였던 터, 그에게도 이성은 중요한 주제였다. (니체는 이로부터도 벗어난다) 그런 의지의 충동들을 이성으로 절제하면서 살아가는 관조적인 삶을 추구하는 것이 이상적이겠지만, 말 그대로 쉬이 가능할 수 없는 이상의 경지다. 그 이성의 이상에 가장 근접해 있는 인식의 형태를 예술로 설명한다.

인도철학에서 팁을 얻은 쇼펜하우어에게 어차피 인생은 苦다. 제 아무리 이성과 이상을 들먹여 봤자, 어느 날 갑작스레 다가온 사랑 하나에 무너지는, 또 그런 게 삶이기도 하지 않던가. 합리적이고 논리적인 서사로만 잇대어지지는 않는 삶, 결코 다 충족하면서 갈 수만도 없는 욕망. 어차피 이상의 지점에 가닿는 것이 불가능하다면 그 승화 방략이라도 있어야 하지 않겠나? 그 궁극의 승화방략이 예술이란 것. 정신분석에서도 예술은 욕망의 승화방략으로 제시된다.

꿈의 언어

고래에 관한 꿈을 노래하고 그리는 예술가들이 많은 이유는, 고래가 그 자체로 꿈에 대한 상징이기 때문이기도 하다. 바다는 자신의 '세계'를 상징한다. 물은 여러 메타포를 지니고 있지만, 그 중 하나가 태초의 원형이다. 바다를 딛고 선 파도들은 원초적 충동으로 일렁이고 있는 힘이다. 바다에서 가장 큰 생물인 고래는, 내 안에 숨겨진 거대한 열망이다.

이 해석에 동의할 수 있겠는가? 반론을 제기하고 싶은 경우들이라면, 프로이트에게 가해졌던 비판들의 입장이기도 하다.『꿈의 해석』은 꿈과 현실의 어떤 장면도 놓치지 않는 세세한 분석과 대위적 관계에서 풀어가는 해석이 꽤 설득력 있게 느껴지는 저술이다. 그러나 정말로 이렇게 해석해도 되는 건가 싶은 의구심으로 읽어 내려가야 하는 대목들도 적지 않다. 프로이트가 그렇게 말했다고 해서, 프로이트의 이론을 다 사실로 받아들일 필요는 없다. 후학들의 숱한 저항 속에서 비판적으로 수용되고 개선되어온 정신분석의 역사이며, 프로이트가 지닌 현대적 의의는 진단과 처방으로서의 절대적 권위는 아니다.

프로이트에 따르면, 의식과 무의식 사이에는 경계막이 되어주는 전의식(前意識)이란 게 있다. 밤사이 의식이 휴식에 들어가게 되면, 무의식은 이 전의식을 통해서 의식에 접속을 시도한다. 많이 알려져 있다시피 꿈은 의식에 억압되었던 무의식이 펼쳐내는 이미지다. 전의식은 의식과 닿아 있는, 의식에 준하는 체계이기 때문에, 무의식이 전의식을 투과하려면 의식 체계의 거부 반응을 피해 가야 한다. 때문에 의식이 그다지 신경 쓰지 않을만한 우회적이고도 상징적인 표현들로 침투를 하는 것이다. 그렇게 의식에 접속한 무의식은 의식의 체계를 빌려 꿈의 영사기를 가동한다. 이런 이유로 꿈의 전개양상이 그토록 엉뚱하고 낯선 모습들이면서도, 꿈속에서는 충분히 납득할만한 것으로 인식하며, 그 허상에 가닿는 감각들이 그토록 사실적인 것이다.

꿈은 의식의 세계에 준하는 언어로 써내려가는 플랫폼이다. 무의식은 억눌린 자신의 심정을 토로하기 위해서 의식의 언어를 빌려 의식에게 대화를 신청한다. 앞서 설명했듯 무의식이 의식에게 대화를 신청하려면 의식이 별로 신경 쓰지 않는 이미지들을 이용해야 한다. 가령 꿈속에서 처음 가본 곳 혹은 처음 만난 누군가는, 처음 가본 곳이 아니고 처음 만난 사람이 아니다. 지나친 적이 있고 마주친 적이 있지만, 그다지 신경을 쓰지 않았기에 의식이 기억하지 못하는 이미지들일 뿐이다. 기억으로 남지 않을 정도로 일상에서 쉽게 지나치는 이미지들을, 무의식은 자신의 표현 도구로 잡아두고 있는 것이다.

프로이트는 꿈의 이미지가 정신질환자들이 겪고 있는 환

상과 본질적으로 다르지 않다고 생각했다. 그들은 깨어 있는 채로 꿈을 꾸는 것이다. 현대철학이 이어나가고 있는 프로이트의 파편은 현실에 존재하는 '환상'에 관한 것이다. 현대철학은 프로이트의 이론에 기반해 자본의 시대를 살아가는 현대인들의 병리학적 증상을 진단한다. 의미를 따라잡을 수 없을 만큼 빠르게 흘러가는 시간 속에서, 현대인들은 그 공허함을 자본이 만들어내는 환상으로 메우려 한다.

행복할 수 있을 용기

쇼펜하우어와 마찬가지로, 프로이트도 모든 욕망을 성욕의 세포분열이라고 생각했다. 에로스는 삶의 본능이고, 에로스의 결과물이 우리 모두이기도 하며 인류의 역사이기도 하다. 분명 사랑의 한 자락을 차지하고 있는 중요한 문제이긴 하다. 프로이트를 향한 비판은 그 천착에 있다. 들뢰즈가 그토록 비판적이었던 이유는, 걸핏하면 성의 담론으로 회귀하며 신체마저 권위적 지식에 종속시키는 그 천착 때문이다. 융의 심리분석은 매뉴얼을 통한 구조화를 요구하지는 않는다. 인간은 자신의 내부에 저마다의 존재방식을 구비하고 있다. 무의식과의 끊임없이 대화를 통해 좀 더 나은 자기이해가 가능하다는 것이 그의 입장이다.

성에 대한 프로이트의 집착은 그의 표상이라고도 할 수 있는 오이디푸스 신화의 해석에서부터 드러난다. 아버지를 죽이고 어머니를 범한다는 패륜의 서사가 안고 있는 상징을 해석함에 있어, 융의 견해는 조금 다르다. 오이디푸스의 어머니인 이오테스카가 욕망의 대상이라는 해석은 일치하지만, 신화가 담고 있는 상징은 어머니에게서 물려받은 여성성에 대한 욕망이다.

아니마(anima)라고 명명된 이 이성성(異性性)은, 자신에게 내재되어 있으면서도 자신으로 발견되지 않는, 곧잘 타인에게 투사되는 자아다. 이를테면 어머니를 닮은 여성에게 끌리는 충동처럼, 의식을 무의식으로 인도하는 인격이다. 반대로 여성들에게 내재되어 있는, 아버지에게서 물려받은 남성성을 아니무스(animus)라고 부르며 역할은 아니마와 같다. 융의 해석대로라면 오이디푸스 신화는 개인의 역사에서 경험하게 되는, 자신도 미처 몰랐던 내면의 자아와의 마주침이며, 자기 자신에 대한 욕망과 사랑에 대한 상징이다.

아니마와 아니무스가 무의식에 내재되어 있는 이성성만

을 의미하는 것은 아니다. 의식에 억눌려 있던 무의식이 의식화되는 과정에서 만나게 되는 낯선 자기 자신이다. 자신의 낯선 이면과 마주하게 되는 순간마다에서 던지는, '내게 이런 면이 있었나?'의 물음은 혼란을 야기한다. 그러나 이 카오스를 넘어선 순간, 자아는 한층 더 성숙하고 건강한 모습으로 다시 태어난다. 신화에서 이런 가치관의 혼란을 대리하고 있는 메타포가 괴물이다. 오이디푸스에게 수수께끼를 낸 스핑크스는 그런 혼란을 상징하는 괴물이다.

융의 견해로는 무의식은 의식에 억압된 세계라기보다는, 의식을 '보상' 또는 '보완'하는 세계다. 무의식은 영역 내에 갇혀 있는 것이 아니라 의식의 영역까지 넘나들며 정신의 균형을 맞추기 위한 노력을 멈추지 않는다. 의식이 해결하지 못하고 방치한 문제들을 무의식은 내내 고민하고 있다. 의식으로는 이미 어떤 결단을 내렸으면서도 무언가 개운치 않은 기분은, 무의식이 아직 고민 중이기 때문이다. 무의식은 계속해서 의식에게 질문을 건네 온다. 넌 그게 좋냐고, 넌 그게 행복하냐고…. 꿈은 '현실의 반대'라기 보다는, 어떤 이유가 있어 의식에게 대화를 요청하고 있는, 무의식이 개설한 대화방이다. 예지몽이라 부르는 꿈도, 앞으로 일어날 일을 무의식이 미리 예감하는 역량이 아니라, 은연중에 우리가 무의식의 충고대로 나아가려는 방향성이다.

융의 관점에서 행복이란, 의식적인 노력으로 얻어질 수 있는 것이 아니다. 때문에 의식을 괴롭혀가면서까지 무언가를 갈구하고 있는 무의식에게 귀를 기울여줄 때, 비로소 행복의 단서가 찾아진다. 하고 싶은 것을 꼭 해야만 행복할 것 같은 맹목적 충동을, 과도하게 이성적으로 설득하며 억누르는 것만이 능사는 아니라는 이야기다. 의식이 과도하게 무의식을 억누를 경우, 도리어 무의식은 의식을 집어삼키고 만다. 무너진 균형은 무의식의 힘을 더욱 증강시키고, 무의식은 환상이란 형식으로 현실에 개입한다. 정신착란을 겪는 것이다.

이런 극단적인 경우가 아니더라도 우리 모두는 미미한 정신착란을 안고 살아가는 인생들이다. 아무리 열심히 해도 도저히 따라잡을 수 없는 존재들에게 느끼는 박탈감이 도리어 과잉의 자존감으로 표출되는 사례가 대표적이다. 베지터가 손오공에게 그랬고, 강백호가 서태웅에게 그랬듯, 열등감은 곧잘 상대를 인정하지 않고 자신이 더 낫다고 생각하는 자아의 '팽창'을 유발한다. 겉으로는 아닌 척을 하지만, 정신은 온통 콤플렉스의 영향 아래 놓이게 되며,

낮은 자기 존재감을 유지하는 악순환이 반복된다. 낮은 자존감을 끌어올리는 '팽창'의 방법론은, 상대의 존재감을 끌어내림으로써 자존감의 고도를 유지하는 것이다. 그래서 걸핏하면 상대를 폄훼하려 드는 것이다.

자신의 콤플렉스를 그대로 받아들일 수 있을 때, 그 결핍감이 도리어 자신을 계발시킨다는 것이 아들러(Alfred Adler)의 입장이다. 프로이트의 애제자였던 융은 콤플렉스의 문제에 있어서는 2인자였던 아들러의 계보를 잇는다. 콤플렉스가 긍정적인 역할을 하기 위해서는 콤플렉스 그대로를 인정해야 한다. 콤플렉스의 부정적 측면은, 콤플렉스를 결핍으로 여기지 않는 회피적 태도에서 비롯된다. 내게 갖추어지지 않을 수도 있는 문제들을, 마땅히 내게 있어야 할 것들이 없다는 피해의식으로 곱씹고 있는 자아가, 이미 갖추었다고 착각을 하거나 혹은 내가 지니고 있는 것들을 과대 해석하는 망상으로 번지는 것이다.

융은 무의식과의 끊임없이 대화 속에서 행복이 다가온다고 말한다. 우리가 왜 행복하지 않은가에 대한 질문에 대한 대답은, 우리가 의식의 세계에만 천착하기 때문이다. 의식은 무의식이 건네는 질문에 무조건적으로 돈이란 대답을 내놓는다. 그래서 행복은 언제나 의식과 무의식의 극간

만큼으로 등거리를 유지하며, 결코 우리 곁에 가까이 다가오지 않는다. 통념의 가치를 쫓는 의식 이면에 숨죽여 울고 있는 당신의 무의식에게 손을 건네 볼 것, 행복은 그 작은 손길로부터 시작된다는 것이 정신분석의 가슴 따뜻한 조언이다.

이상한 나라의 에로스

에로티즘

쇼펜하우어에 따르면, 절정으로 치닫는 여성의 성숙한 몸매는 우월한 DNA를 잉태하기 위한 여자들의 동물적 본능이다. 그 물오른 성숙함에 이끌리는 남성들의 충동 역시 '종족의 의지'에 끌려가는 동물적 본능이다. 동물의 세계에서는 모든 수컷이 암컷을 차지할 수 있는 것은 아니다. 강한 힘을 지닌 수컷만이 암컷을 차지할 수 있다. 결국 종족 번식의 실현은 자신의 우월한 유전자에 대한 증명이기도 한 셈이다.

야하게 생각하려면 한없이 야해질 수 있는 섹시의 담론은, 본디 '건강함'에서 비롯된 것이다. 인간이 동물의 범주에서 분리된 이성적 존재라는, 당대 철학자들의 믿음에 쇼펜하우어는 헛웃음을 참지 못 한다. 그는 우리에게 남아 있는 동물적 본능이 보다 근본적이라고 생각했다. 물론 쇼펜하우어가 이성의 기능 자체를 부정한 것은 아니다. 무의식을 경유하는 동물적 본능을 간과하지 않았을 뿐이다. 쇼펜하우어 철학에서 성욕은 욕망의 베이스캠프다. 프로이트가 그토록 성의 담론에 집착을 한 것도, 모든 욕망이 성욕의 파생상품이라는 이유에서이다.

과도한 욕정에 사로잡히는 남정네들을 흔히 '짐승'이라고 표현하지만, 정작 짐승들은 철이 아니면 짝짓기를 하지 않는다. (최근 연구 결과 그렇지 않은 동물들도 있다고 한다.) 그렇다면 인간의 성생활은 짐승만도 못 하다고 해야 하나? 아니면 짐승보다 더 하다고 해야 하나? 그러나 시도 때도 없이 동하고 통하는 성에 대한 충동이 동물성에서 벗어나 있는 인간의 특징이기도 하다. 그런데 인간의 성생활은 어쩌다 이런 형국이 되었을까? 바타유는 그 욕정의 원인을 도리어 이성에서 찾는다.

동물들은 자신들의 짝짓기가 생명의 잉태로 이어지는 인과성을 사유하지 못 한단다. 원시의 인류도 성행위와 임신을 인과의 관계로 생각하진 못했다. 그들에게 생명은 신의 산물이었다. 인류가 도구를 사용하기 시작하면서 '목적'에 대한 인식이 생겨났고, 성행위와 임신의 인과를 깨닫고 난 이후 잉태의 목적에 부가적으로 따르던 성적 쾌락을 '주요 목적'으로 따로 추출했다. 번식의 목적으로부터 벗어난 쾌락의 목적으로, 인간만이 지니고 있는 특권이 바로 에로티즘이라는 것이 바타유의 결론이다.

바타유는 '에로티즘'의 관건을 동물성으로부터 멀어지려는 의지로 규정한다. 로미오와 줄리엣의 슬프고도 고결한 사랑이야기에 설령 에로틱한 발상을 첨가한다 해도 그 체위가 후배위는 아닐 것이다. 그 체위 자체가 지닌 추함 때문이 아니라, 그 체위가 동물들의 방식이기 때문이다. 바타유의 표현을 빌리자면 '동물의 짓뭉개기로 추락하지 않는' 욕정의 미학이 에로티즘이다. 인간이 정상체위를 그야말로 '정상'으로 인식하게 된 사연에는, 직립보행이 가장 큰 원인으로 자리하고 있을 것이다.

바타유의 또 다른 주제는, '금기' 그 자체가 지니고 있는 모순과 역설이다. 금기는 위반을 매개하고 있는 역설이기도 하다. 모두가 위반하는 금기는 이미 금기라는 말 자체가 성립되지 않고, 아무도 위반하지 않는 금기는 그것이 금기인지 아닌지가 확인되지 않는다. 따라서 금기는 금기 자체가 아닌 위반으로 증명되는 것이며, 금기가 지키고자 하는 고결은 도리어 위반의 욕망을 더욱 신성시하는 반대급부로 순환한다. 관점을 바꾸어 표현한다면, 더 큰 스릴의 쾌락을 위해서라도 도덕은 존재해야 하는 역설이다.

바타유는 매춘을 예로 든다. 기독교의 도덕이 도래하기 전의 사회에서는, 매춘이 결혼생활의 보완적 제도로 인식되었다고 한다. 물론 남성중심의 사회가 만들어낸 산물이며 남성우월주의적 해석이기도 하겠지만, 바타유의 설명은 이렇다. 아내의 존재는 더 이상 금기가 아니다. 더 이상 매혹적인 대상이 아니며 유혹의 목표도 아니다. 이 무료함을 금기의 일탈로 해소함으로써 부부는 권태를 극복하게 된다.

그러나 매춘은 아내를 생각하는 양심에서나 금기이지, 그 제도 자체가 금기의 매력도인 것은 아니다. 매춘부를 유혹하기 위한 어떤 노력이 없어도 돈만 주면 얼마든지 살 수 있는 성의 거래이기에, 애초부터 금기가 무너져 있는 열린 경계다. 때문에 지속되는 매춘은 다시 무료함이 되어버린다. 에로티즘의 비밀은 '허물고자 하는 욕망'이다. 노골적으로 무너져 있는 상태에서는 에로티즘이 성립되지 않는다.

성에 대한 담론이 죄악시 되는 시절도 아니고, 성을 특화한 포맷의 방송도 별 거부감 없이 받아들여지는 시대적 분위기이지만, 그만큼 금기의 매혹도가 떨어지고 있다는 반증이기도 할 것이다. 지양되어야 할 사안은 아니지만, 그렇게까지 지향되어야 할 사안인가 싶기도 하다.

에로티즘은 얼마나 벗느냐가 아니라 얼마나 가리고 있느냐가 관건인 역설이기도 하다. 이는 옷이 지닌 기능성의 역설과도 맞물린다. 가리는 동시에 드러내는 것. 과도한 노출은 이미 에로티즘의 조건이 충족되지 않는 넌센스다. 벗기고자 하는 욕망을 무화시켜버리는, 벌써 벗겨져 있는 상태는 별 감흥이 되지 못한다. 즉 '대놓고' 보다는 '은근히'가 더 매혹적인 섹시 철학인 것.

노골적으로 보여주기 보다는 적당히 가림으로써 은근히 연상시키는 것이다. 벤야민의 어록을 빌리자면, 아름다운 것은 베일 속의 대상이다. 그 베일이 숨긴 한 자락의 신비감이 보다 우월한 미적 가치를 부여하는 것이며, 또한 실상 그것을 벗겨내면 되레 미적 가치는 감소한다.

아무리 자기를 드러내는 시대라고 하지만, 너도 나도 드러내기에 그 낯간지러운 생각의 노출증을 서로가 간파하면서도 모두가 공유하는 시대이기도 하다. 차라리 자신을 조금 더 감추는 것이 자신의 은근한 매력도를 높이는 방식이 아닐까?

짐멜이 이르길,

"가장 가까운 사람의 경우에도 매력이 유지되려면, 그의 일부분은 불명확하고 비가시적이어야 한다."

앙띠 오이디푸스(Anti-Oedipus)

들뢰즈는 정신분석으로 자신의 철학을 개진했으면서도, 프로이트의 이론에는 적지 않은 비판을 쏟아냈다. 그 중심에 자리하고 있는 주제가 프로이트에겐 판도라의 상자였던 '오이디푸스 신화'다.

오이디푸스의 신화에 대한 사회학적 해석은, 엄한 아버지와 자애로운 어머니 밑에서 겪게 되는 사회화다. 사회적 존재들이 본능으로만 살 수는 없기에, 아버지는 아이를 훈육한다. 사회화가 진행되면서 의식은 그 훈육을 수긍하지만 무의식에는 아직 본능이 들끓고 있다. 아버지로 대변되는 사회적 억압에 저항한다. 이 도식이 이드, 에고, 슈퍼에고다.

프로이트는 부성을 향한 도덕적 갈등 서사를 인류학의 범주로 확대하기도 했다. 오이디푸스 신화로 유대인들의 '원죄 도덕'을 해석함에 있어, 그가 포커스를 맞춘 지점은 위대한 정신에 종속당하고자 하는 인간의 본능이다. 프로이트에 따르면, 모세는 유대인들에 의해 광야에서 살해당했다. 가나안 땅에 당도한 유대인들에겐 새로운 역사가 펼쳐졌고, 통치자 입장에서는 사회의 질서유지를 위한 도덕적 이념이 필요했다. 하여 자신들이 죽인 모세의 도덕을 뒤늦게 신의 율법으로 추존한다. 이는 태종 이방원이 정몽주의 忠을 다시 조선의 통치이념으로 부각시킨 사례와 같으면서도, 조선의 백성들이 정몽주를 죽인 것은 아니라는 점이 다르다. 유대인들에겐 자신들이 신을 죽였다는 죄책감이 무엇보다 큰 도덕률로 작용하게 되며, 유대신화에 뒤늦게 이 원죄의식이 첨가된다. 니체가 '노예의 도덕'이라며 그토록 성토했던 원죄의식은, 정치적 이데올로기가 무의식화 된 것이라는 프로이트의 해석이다.

들뢰즈와 가타리의 『앙티 오이디푸스』는 다른 해석을 내놓는다. 그들에 따르면, 오이디푸스 신화는 자본사회의 도래와 함께 생성된 가부장적 분위기의 한 표현이다. 원시사회에서는 한 부족이 생산의 기본 단위였다. 마을 공동체는 족장의 지휘 하에 서로가 각자의 기능으로 각자의 생산물을 내놓음으로써 전체의 평형이 유지될 수 있었다. 그러나 생산 도구의 발달과 더불어 대량생산 시스템이 도래하면서, 생산으로부터 노동이 소외되기 시작한다. 10명이 하던 일을 1명이 감당할 수 있게 되면서, 9명의 기능은 필요 없어진다. 자신이 지닌 기능으로 무언가를 생산하는 것이 아니라, 생산이 원하는 기능에 맞추어 자기계발을 해야 하는 시절이 된 것이다. 이런 패러다임에서는 족장이 아닌 상품이 중심이기에, 족장의 지위는 그저 가족의 가장 역할로 축소될 수밖에 없다. 자신이 지닌 기능이 아닌 생산이 원하는 기능을 배워야 하기에, 가족 구성원 누구나가 생산자로서의 자격을 갖출 수 있는 여건이 아니다. 가장이 유일하게 생산의 담당자가 되면서, 가장이 어떤 사회적 위치를 배정받느냐에 따라 가족의 계층이 달라진다. 가족의 운명을 책임지게 된 가장은 가정 내에서의 가부장적 권위를 정당화하게 되고, 가족구성원들은 항상 그 권위와의 갈등을 빚게 된다. 오이디푸스 신화는 통제의 메커니즘에 대한 상징이며, 어떤 기원이 되어준다기보다는 뒤늦게 첨가된 시대상의 반영일 것이라는 들뢰즈와 가타리의 해석이다.

프로이트가 오이디푸스 신화를 통해 유대인들의 도덕에

자리하고 있는 이데올로기의 기원을 밝혀냈듯, 들뢰즈는 오이디푸스 신화를 자본주의가 은근슬쩍 강요하고 있는 종속의 이데올로기로 해석한다. 차이는 프로이트가 인간의 무의식적 본능으로 간주한 반면, 들뢰즈는 파기해야 할 구조적 부조리로 해석한다는 점이다.

아이러니는 프로이트 자신이 오이디푸스 신화의 자리를 점하고 있는 정신분석이라는 점이다. 프로이트에 대한 일반적인 평판은, 자신에게 가해진 비판을 모조리 거부했던, 다소 괴팍한 성격을 지닌 정신분석의 '아버지'다. 히스테리 이론도 따지고 보면, 프로이트 저 자신에 대한 고찰이었던 셈이다. 스스로의 결핍이 겪은 진정성으로 써내려간 '말씀'이었는지 모르겠으나, 현대의 정신분석에서는 그렇게까지 절대적 입지의 권위는 아니다. 그 시절로부터 많은 발전을 거듭한 정신분석이기에, 수많은 오이디푸스들에게 넘어섬을 당한 아버지의 위치이기도 하다.

구조의 무의식

생각을 지배하는 언어

한때 '삼순이 신드롬'을 일으켰던 드라마 《내 이름은 김삼순》에서는, 김삼순의 현재와 미래를 대리하고 있는 두 개의 이름이 충돌을 일으킨다. 남들에 의해 불리는 음절의 조합 자체가 듣기 싫지만, 살아온 세월 내내 듣고 살 수밖에 없었던 이름 '김삼순'과 김삼순이 선망하고 있는 미래의 이름인 '김희진'이 그것이다.

김삼순과 같은 처지가 아니더라도, 우리는 '김삼순과 같은 처지'가 어떤 상황인지에 대해서는 공감할 수 있다. '김삼순'이라는 이름에서 느껴지는 바가 김삼순 자신이 느끼는 바와 다르지 않다. 이름이 불리는 자와 이름을 부르는 자들이 같은 정서를 공유하고 있는 것이다.

드라마는 아주 오랜 전에 유행했던 유머 하나를 패러디함으로써, 김삼순과 우리가 공유하고 있는 정서를 증명한다. 이름 때문에 친구들에게 놀림을 받고 집으로 돌아가는 길에 잡아탄 택시, 연실 울어대는 사연의 대강을 듣고서 김삼순을 위로한답시고 택시기사가 건넨 한 마디.

"뭘 그런 것 같고 울어? 이름이 어때서? 삼순이만 아니면 됐지."

가득 차오르는 설움을 몇 줄기 눈물로 추스르고자 했던 그녀의 슬픔은 급기야 오열로 쏟아져 내린다.

연암 박지원이 권고하는 성명학의 기초 원리, 이름은 부르는 사람의 기준이 아니라 듣는 사람의 기준으로 지어야 하는 것이다. 스스로 부르기보다는 남들에 의해 더 많이 불리는 나 자신의 표상이라는 역설, 『도덕경』의 첫 페이지에 실려 있는 '名可名非常名(명가명비상명)'은 철저히 타자의 담론인 이름에 대한 지적이다.

삼순이라는 이름이 그 이름을 지닌 이의 속성을 대변하는 것은 아니지만, 삼순이라는 이름이 촌스럽게 느껴지는 현상 또한 음절이 지닌 속성에서 비롯되는 것은 아니다. 삼순이가 촌스러운 이름이 아닌 시절이 있었듯, 언어는 본질을 규명하는 도구가 아니라 그저 시대적이고 사회적인 합의를 대리하는 것에 불과하다. 그러나 이름으로 인해 발생하는 편견에서 자유롭지도 못하다. 이것이 소쉬르가 밝혀낸 언어의 구조적 폐해다.

그렇게 고대해왔던 순간이었건만, 김삼순은 정작 개명 신청서 작성을 앞두고서는 갈등을 일으킨다. 자신이 사랑하는 현진헌이 김삼순이란 이름을 좋아하기 때문이다. 게다가 하필 '희진'이란 이름이 현진헌의 옛 연인을 상기시키는 흔적이다. 결국 개명을 포기하기로 한 김삼순은 그 자리에서 신청서를 찢어버린다.

실상 '김삼순'이나 '김희진'이라는 이름이 그녀들의 속성일 수는 없다. 그저 '시니피앙(signifiant, 기표)'에 지나지 않는다. 그러나 언어는 사고를 지배하는 법, 기억으로 남은 누군가의 이름은 그 사람을 떠올리게 하는 표상이다. 그저 호명을 위한 소리에 불과했지만, 어느 순간 의미로 전이되어버린 이름은 그 사람의 정체성을 대리하기도 한다. 핸드폰 액정에 떠오르던 자음과 모음의 조합에 불과했지만, 헤어진 연인의 이름을 지닌 다른 누군가의 이름을 우연히 듣게된 순간에 밀려들던 먹먹함을 상기한다면 이해는 더욱 쉬워진다. 한때 '김희진'이란 이름을 지닌 여인을 사랑했던 현진헌의 트라우마 역시 같은 맥락이다.

'김삼순'을 '김희진'으로 개명할 경우, 시니피에(signifié, 기의)로는 그녀를 가리키는 것이 변함없지만, 시니피앙으로는 김희진이라고 발음하게 된다. 현진헌 입장에서는 그녀의 바뀐 이름을 부르면서도 과거의 '김희진'을 떠올릴 수가 있다. '김희진'이란 이름을 포기한 김삼순의 선택은, 적어도 그녀 자신만을 대리하고 있는 촌스러움의 표상이었다.

'생긴대로 논다'라는 표현을 관상이 담고 있는 관계론적 고찰이라고 한다면, '이름값 한다'는 명예에 대한 등가의 자격을 유지하고 하는 노력을 칭송하는 표현이다. 이름이 작용하는 인력의 범주가 명예를 걸만한 거창함에만 해당하는 것은 아니다. 한 인간의 정체성으로 회귀하는 인문 영역 전반을 포함하기도 한다. 삼순이냐 희진이냐를 선택해야 했던 순간이, 김삼순에게는 자신의 인생을 걸고 고심해야 했던 일대 사건이었던 것처럼 말이다.

한국에 '현빈'이란 이름을 가진 이들이 얼마나 될까? 과연 그들 모두가 현빈처럼 생겼을까? 현빈이란 이름은 배우 현빈의 속성이 아니며, 현빈이란 이름을 가진 이에게 왜 현빈처럼 잘 생기지 않았는가와 그럼에도 불구하고 왜 이름이 현빈인가를 따져 물을 수 없는 노릇이다. 언어는 어떤 대상을 지칭하는 기능 이외에는 어떤 자격도 없는, 그저 관계적 약속에 불과하다. 소쉬르는 '시니피앙(기표)는 시니피에(기의) 위에서 미끄러진다'라고 표현한다. 지칭의 표현과 지칭의 대상이 필연적 일치의 관계가 아니라는 의미다.

상상과 상징 그리고 실재

영화《아이, 로봇》의 후반부, 다른 로봇들과는 달리 인간에게 우호적이었던 로봇 써니는 결정적인 순간에 인간을 배신하고 로봇들 편에 선다. 다른 로봇들에 둘러싸인 채, 인간을 인질로 잡고서 윌 스미스와 대치하고 있던 써니는, 순간적으로 윌 스미스에게 윙크를 날리며 지금의 상황은 페이크라는 의중을 내비친다.

인간의 세계에 관심이 많았던 로봇 써니는, 자신의 프로그램에 입력되어 있지 않았던, 그래서 이해할 수 없었던, 한 쪽 눈을 찡그리는 방식으로 이루어지는 의사소통에 대해서 의문을 제기한 적이 있었다. 이에 대한 윌 스미스의 대답이 영화의 결정적 순간을 위해 미리 심어놓은 반전의 장치였다. 다른 로봇들은 윙크의 의미를 알지 못한다. 이것은 인간들끼리만 아는 언어체계다. 소쉬르의 구조언어학이 밝혀낸 언어의 성질이 이렇다. 언어는 지칭하는 행위와 대상의 속성이 아니다. 그저 '관계' 속에서 정립된 상징적 규약에 불과하다. 때문에 페이크를 뜻하는 상징이 윙크가 아니어도, 이미 서로에게 협의된 약속체계 내에서의 그 어떤 행위여도 상관없다.

지칭하는 속성에 합치하는 싱크로율이라면, 우린 어떤 언어라도 알아들을 수 있어야 한다. 약속으로 정한 상징적 기호이기에, 그 상징의 관계에서 벗어나 있는 이들은 모를 수도 있는 것이 언어다. 라캉의 욕망이론은 소쉬르의 언어학을 기점으로 삼는다. 무의식으로부터 기인하는 욕망을 의식의 언어체계로 해석해내려는 우리의 노력은 항상 욕망의 대상 위에서 미끄러진다. 그 결과, 욕망과 욕망의 대상이 일치하지 않는다.

들뢰즈는 '충동구매'를 예로 든다. 목적은 구매가 아니다. 실상 목적은 모호하다. 원하고 바라는 바가 정확히 무엇인지 의식의 차원에서는 해석되지 않기에, 단지 대신 해소할 수 있을 방법을 의식의 영역에서 고심할 뿐이다. 결핍의 원인을 정확히 알 수 없어, 자본사회의 상징적 행위인 상품 소비를 통해 엉뚱한 만족감을 느끼고 있는 것이다. 일치하지 않는 극간이 해소되지 않지만, 일단 어떤 식으로라도 만족감을 느끼는 경험을 하기에 그 대리만족을 해소라고 믿으며 반복하게 된다. 라캉의 표현대로라면, 욕망은 궁극적으로 스스로의 대상이 되어버리며 우리는 욕망 자체를 욕망하게 된다.

일상의 사례로 비유하자면, 습도를 조절해야 할 문제를, 당장에 보이는 곰팡이를 걸레로 닦아냄으로써 만족을 하고 있는 셈이다. 곰팡이는 계속 생겨난다. 어느 순간부터는 걸레질 자체를 욕망하고 있는 것이다.

우리는 탄생의 순간부터 타자의 영향 속에 놓인다. 정신분석이 유년시절의 기억을 중요시하는 이유는, 인생의 초창기에 겪게 되는 타자인 부모의 영향 때문이기도 하다.

아이는 부모와의 커뮤니케이션 속에서 언어가 지니는 상징의 기능성을 자연스럽게 깨달으며 자라난다. 언어를 습득하는 계기는 욕구다. '엄마'라는 단어가 의식에 각인되는 주된 원인은, '엄마'라는 단어가 지칭하는 존재가 '자신을 낳아준 여성'이어서가 아니다. 나의 기본적인 욕구를 해결해주는 사람이기 때문에 각인이 되는 것이다. 즉 '엄마'라는 상징성을 부르게 되는 최초의 원인은 '맘마'라는 것. 기표와 기의가 일치하지 않는다.

이후 우리는 소통의 상징으로 체득된 사회적 언어로 자신의 욕망을 표현한다. 그 언어체계 밖의 욕망들에 대해서는, 뭔가가 내 안에서 일렁거리고 있다는 걸 느낄 수는 있어도, 정확히 무엇을 갈구하고 있는 것인지에 대해서는 알 방도가 없다. 언어로 개념화되지 않은 것들에 대해서는, 그것을 해석할 수 있는 방법론도 학습이 불가하기 때문이다. 말 그대로 '말로 표현할 수 없는' 무의식의 영역이다.

무의식은 의식의 차원에선 명확한 해석이 불가한 사안이다. 그러나 이성의 동물인 인간은 막연함과 모호함을 참아내지 못한다. 어떤 식으로든 원인규명이 이루어져야 한다. 그래서 인간은 해석이 불가한 무의식을 기어이 이성적으로 해석해내는 오류를 범하고야 만다. '말로 표현할 수 있는' 대리만족의 대상들을 찾아 해소하려 드는 것이다. 가장 손쉬운 방법은 사회적으로 공증된 상징체계를 통해서이다. 신해철의 《나에게 쓰는 편지》의 가사를 빌리자면, '돈, 큰집, 빠른 차, 여자, 명성, 사회적 지위'다. 개인의 근원적인 열망이 아닌 사회의 가치로 치환된 욕망의 상징들을 욕망하게 된다.

'타자의 욕망'이란 이렇듯 언어의 속성에서 연유하는 증상이다. 데리다는 '모든 것이 시니피앙에 오염되었다'고 표현한 적이 있는데, 현대철학에서 '시니피앙'이란 단어는, 단지 언어가 지니는 소통적 기능에 국한되는 것이 아니라, 모든 것이 타자의 가치로 환원되는 획일성에 관한 문제 전반을 아우른다.

우리는 무의식에 들끓고 있는 열망에 닿을 수 없다. 그래서 그 언저리에 널려 있는 대리품들을 소비하며 대리만족을 느낀다. 그 대리품이란 언어로 개념화될 수 있는 의식의 영역에 속하는 것들이다. 반대로 말하자면 열망은 항상 언어체계의 방해를 받고 있는 것이다.

의식의 방해를 받고 있는 무의식에 관한 질문은, '니가 진짜로 원하는 게 뭐야?'의 주제다. 욕망의 표상에 갇힐 것이 아니라 정말로 자신이 원하고 바라는 것들에 귀를 기울여 보라는 취지다. 끝내 의식으로는 해석될 수 없겠지만, 적어도 사회의 한 부속품으로서가 아닌 너 자신을 욕망하라는 이야기다. 그런데 문제는 우리가 사회적 언어체계에 너무 익숙해져 있고 그로부터 벗어나기도 힘들다는 사실이다. 아무리 귀를 기울여 봐도 결론은 돈, 큰집, 빠른 차, 여자, 명성, 사회적 지위다.

타자의 담론

수 십장을 찍고서 겨우겨우 한 장을 건져내는, 찰나와 기다림의 미학 셀카. 분명 그 자신이 지니고 있는 모습의 한 순간임에도, 세면 직후 거울에 비치는 청초하고도 아름다운 자신을 담아내기란 여간 어려운 작업이 아니다. 우리는 자신의 실제 모습보단 거울에 비친 자신의 모습에 더 익숙하다. 그러나 거울이 비춰내는 순간마저도 실상은 아니다. 중학교 때 배운 지식으로 풀자면, 좌우가 바뀐 정립의 '허상'이다. 따라서 거울을 보고 꾸미는 나의 모습이, 남들이 바라보는 나의 모습인 것도 아니다. 차라리 거울 안의 순간을 꾸미고 있는 것이라고 해야 맞을 것이다. 우리는 생각만큼 자기 자신에게 익숙하지 않다. 어딘가에 비춰진 자신의 허상에 익숙해져 있다. 정체성이라고 생각하고 있는 가치마저도 사회적 통념에 반사되어 돌아오는 정립허상인 경우가 적지 않다.

자신을 드러내는 sns는 가상 자아에 몰입하는 현대인들의 거울이다. 남들의 아바타를 결코 진실이라고 믿지 않으면서도, 또 그 자신은 매일같이 자신의 아바타를 세상에 업데이트 한다. 자신의 존재감을 타인에게 확인받고자 하는 우회적 욕망, 그로 인해 끊임없이 '증강현실'을 재생산해낸다. 바야흐로 이미지를 소비하는 시대다. 그러나 어느 시대이건 소비자는 생산자의 역할을 겸하기 마련이다. 이미지를 소비하는 시대는 '남들에게 알려지는' 나의 이미지를 생산하는 시대이기도 하다.

정신분석의 주제이기도 한 '환상'의 문제들은, 타인들의 시선이 투영된 거울로 자신을 증명하고 있는 비실체적 가상에 대한 지적이다. 그러나 더불어 지적하는 거울의 딜레마는, 개인들에게 부단히 영향을 미치는 실재적 토대이며 존재적 기반이기도 하다는 사실이다. 쉽게 말해 남의 시선 의식하지 말라는 말처럼 인문이 결여된 말도 없다는 소리다. 그 거울을 깨야한다고 말한다면, 이는 세속의 철학이 아니라 탈속의 종교가 된다. 세속에서 세속의 가치로 살아가는 우리는 결코 그 거울을 깰 수가 없다. 왜곡이고 착각일지언정 타자의 시선을 통해서나마 자신의 존재가 확인되기 때문이다. 하이데거의 표현을 빌리자면, 나를 바라보는 것들이 나를 존재케 하는 것들이다.

요즘에야 '혼밥'이 불편한 일도 아니지만, 여전히 식당에 홀로 앉아 밥을 먹는 행위가 불편한 사람들에게 그 이유는, 자신을 바라보는 타인의 시선 때문이다. 정작 자신에게 전혀 관심이 없을지도 모를 타인의 시선에 담긴 정서를 억측

하면서까지 불편해하는 이유는 무엇일까? 언젠가 자신도 식당에 홀로 앉아 밥을 먹고 있는 누군가를, 특정 정서가 담겨진 시선으로 바라본 적이 있기 때문이다. 홀로 밥을 먹고 있는 자신을 향한 타인의 시선이란, 결국 자신의 시선이 투영되어 돌아오는 결과다.

타자(他者)란 자신을 포함한 타인의 가치다. '남들처럼'의 그 '남들'을 구성하고 있는 불특정 다수 속의 어떤 타인에 겐, 바로 내가 그 불특정 다수의 '남들처럼'을 구성하고 있는 타인이기도 하다. 서로가 서로에게 '남들'이 되어주기 때문에, '남들'의 속성은 욕망이 빚어낸 허상이 아닌 실재하는 현상이 되어버린다. 그리고 그 집단의 가치를 기준해 자신의 욕망을 구현한다.

타자의 욕망이란, 우리의 욕망이 사회적 '관계'의 산물이라는 의미다. 우리가 원하고 바라는 것들은 무의식으로부터 기인하기에, 의식의 언어체계로는 그 본질이 이해되어질 수 없다. 알 수 없는 결핍감을 느끼고 있다는 사실만은 확실하다. 결핍감을 해소하기 위해 뭐라도 하려고 든다. 그러나 무의식의 영역이기에, 뭐라도 하려 해도 뭘 해야 될지를 모르는 답답함으로 순환하는 문제다. 그래서 찾아내는 방편이 무의식을 의식의 언어로 해석해 내는 일이다. 당연히 싱크로율이 들어맞을 리 없다. 진상과 촌극은 이 괴리의 극간으로부터 비롯된다.

언어가 사회적 소통의 도구이듯, 무의식을 해석하는 의식의 언어체계 또한 사회적 가치를 매개할 수밖에 없다. 따라서 결핍감을 해소하기 위한 선택되는 행위들은, 타자에 의해 공인이 된 가치들의 투영이다. 내가 하고 싶은 것이 무엇인가에 대한 고민이, 돈의 가치로 환산되는 경우가 대표적인 사례다. 대기업에 들어가고자 하는, 의사와 판사가 되고자 하는 꿈들도 그 얼마나 소중한 것들이겠는가. 하지만 그들을 끌어당기고 있는 꿈이라는 것이 과연 '하고 싶다'의 전제이냐 아니면 '해야 된다'의 전제이냐를 묻는다면, 어떤 대답을 준비해야 할까? 어떤 대답이 솔직한 '마음의 소리'일까?

빨간 구두

푸코는 『감시와 처벌』에서 19세기까지 존재했던 공개처형에 작동한 권력 메커니즘을 논한다. 저작거리에서 행해지는 잔학한 처형으로 과시되는 것은 심판자로서의 군주가 지닌 힘이다. 군중들은 강제적으로 동원된 것이 아니었다. 그 잔학한 광경을 보고 싶어서 몰려든 것이었다. 심판은 권력이 군중들에게 건네는 경각심의 장치인 동시에 권력이 제공하는 구경거리이기도 했다.

구조에 의해서 개인이 조건화되는 것일까? 아니면 개인 자체가 구조의 소축적인 것일까? 푸코에 따르면 권력은 소유되는 것이 아니라 행사되는 것이다. 권력은 그 권력을 인정하는 이들과의 관계 속에 작동한다. 권력은 군중을 지배하지만, 군중 역시 권력의 산물을 욕망한다. 아무리 차악을 뽑는 경우라지만 시민들은 도대체 왜 다시 최악을 국회의원으로 뽑아주는 것일까? 부도덕하고 비상식적인 언행으로 논란이 될지언정, 권력을 놓지 않기 위해서 부도덕하고 비상적인 방법으로 지역 예산은 또 얼마나 잘 따내겠는가. 그렇듯 정치인들의 권력은 민중의 욕망과 역으로 더듬어 가며 서로를 지탱하는 관계다.

한국의 입시제도는 왜 이토록 바뀌지 않는 것일까? 일단 들어서기만 하면 등용문이라는 인식이 팽배한 한국에서 명문대의 지위가 사라져서는 안 된다. 제 자식은 다 천재인 듯 바라보는 부모의 꿈을 위해서라도 그런 희망은 남아 있어야 한다. 구조 자체를 부정하기보단, 그 구조 안에서 남들에게 뒤처지지 않을 노력에 여념이 없다. 언젠가 그 구조가 자신을 구원할 것이란 기대로, 개인의 노력 또한 구조를 동력 삼아 지속된다.

그 모두가 지배담론에서 벗어나지 못하는 욕망들의 문제다. 오늘날 우리의 절망은 구조의 탓일 수 있다. 그러나 그 구조가 유지되는 현실을 구조의 탓으로만 돌릴 수 있는가도 따져 물어야 한다. 우리는 그 구조의 희생양인 동시에 동조자이기도 하다.

빨간 구두를 신은 소녀는 춤을 멈출 수가 없었다. 소녀의 의지가 아닌 빨간 구두의 의지다. 춤을 멈추는 유일한 방법은 발목을 잘라내는 것이다. 이 잔혹동화가 지젝의 '신체 없는 기관'을 가장 간단하게 설명하고 있는 경우다. 물리적이고 가시적이지 않아도 작동하는 대타자(大他者)에 관한 설명이다. 본인의 의지가 아닌 구두의 의지로 춤을 추었던 소녀는, 구조에 휘둘리는 개인에 대한 비유다.

정신분석을 꿰고 있는 현대철학에서는 생각의 주체성은 부정되는 편이다. 주체를 둘러싼 조건이 주체를 규정한다. 욕망 또한 주체의 의지와 상관없이 작동한다. 우리가 욕망하는 것들은 사회적 무의식으로 주입된 결과다. 사회가 존속하는 한 우리는 그 타자적 욕망을 멈출 수 없다.

꿈을 소비하는 사회

이미지 상품

정밀한 자동차 모형을 만드는 작업을 '다이캐스트'라고 한단다. 실제에 가까운 모형을 더욱 실감나게 하기 위해서, 모형이 얹어지는 배경도 실사와 똑같은 모습으로 축소된다. 이걸 '디오라마'라고 한단다. 그 디테일함이 경이로우면서도 다른 한 편으로 생각해보면, 작업실의 한 구석에서는 만들어 낼 수 없는 실제의 축적이 실상 더 경이로운 작품인 셈이다. 그런데 왜 줄어든 축적의 디테일에 끌리는 것일까? 좋은 의미만 담고 있었던 것은 아니지만, 보드리야르가 비유로 든 디즈니랜드와 같은 경우다. 현대인은 꿈을 소비하며 살아가는 존재들이다.

피규어를 모으는 취미를 가진 어른들을 폄하의 시선으로 바라볼 필요는 없다. 그들은 그나마 행복할 수 있는 승화의 대상이라도 발견한 경우다. 물론 과도함도 꿈에 대한 편집증이겠지만, 그저 혀부터 차고 보는 이들도 현실에 대한 편집증이기는 매한가지다. 현대철학이 분석한 현실세계는, 이미 수많은 가상들이 들어차 있는 시공간이다. 피규어가 아닐지언정, 다른 환상을 쫓거나 그 환상에 치이고 사는 우리들이다.

슈퍼맨에게 있어 망토는 정체성과도 같은 상징이지만, 또 다른 정체성인 비행에 있어서는 공기의 저항을 극대화하는 방해요소일 뿐이다. 그러나 결코 그 망토를 포기할 수 없다. 망토를 벗어던진 쫄쫄이 타이즈의 슈퍼맨은 상상도 할 수 없을뿐더러, 관객들은 오히려 그 펄럭이는 망토로 속도감을 대리 체험한다. 영화를 통해 대중이 소비하는 것은, 실용적 기능이 아니라 추상적으로 절대화 된 이미지다.

보드리야르는 자동차의 테일핀을 사례로 든다. 그 튜닝이 결코 속도에 도움이 될 리 없거늘, 심적으로는 마치 비행기의 날개와 같은 이미지로 비행기의 속도감을 획득하는 것이다. 현대인들의 소비는 실용적인 쓰임새를 따지는 것이 아니라, 사용자의 꿈과 욕망에 포커스를 맞춰진다. 샤

넬과 루이비통을 실용성으로 구매하는 소비자들이 있을까? 영업을 위함이 아닌 이상에야, 자동차를 실용성으로 구매하는 이들이 과연 얼마나 될까? 보드리야르는 '공허한 기능주의'라는 다소 부정적인 표현을 선택하지만, 부정적인 측면만을 늘어놓지는 않는다.

소비의 시대

정신분석이론이 등장하기 이전까지, 인류는 무엇을 욕망하는지를 분명히 의식하고, 자신의 의지대로 욕망을 합리적으로 관철시킨다고 믿고 있었다. 그러나 프로이트가 해명한 무의식의 세계와 마르크스가 제기한 구조로부터 소외되는 개인의 문제를 통해, 욕망에 대한 자각이 그다지 합리적이지도 주체적이지도 않다는 사실이 확인되었다. 뒤를 이은 라캉의 확인사살. 우리는 욕망의 실체에 절대로 도달하지 못하며, 그 대체물들로 대리만족을 하고 있는 형국이다.

현대사회는 '상징'을 소비함으로써, 자신의 욕망이 조금이나마 실현되었다는 대리만족을 즐긴다. 이런 연유로 상품이 지니는 사용가치보다는 그 상징성이 더 관건이다. '상징'은 상품이 지닌 실질적 실용성이라기보다는, 상품을 둘러싸고 있는 역학관계다. 명품의 교환가치는 그 가격에 걸맞는 품질이 아니라, 명품이 아닌 것들로부터 변별되는 '차이'를 소유하게 하는 만족감이다. 본래적 가치가 아닌 상징적 가치의 소비이기에, 구매에 대한 욕망을 자극시키는 가장 손쉬운 방법은 광고를 통해 상품에 특정 이미지를 부여하는 것이다. 준대형의 세단이 지니고 있는 구체적 기능보다는, '멋지게 사셨군요'의 카피에 부합하는 인생을 산 자신에게 주는 선물로서의 의미가 더 크다.

보드리야르는 이런 소비심리가 '소외'의 문제로부터 불거진다고 진단한다. 보드리야르 뿐만이 아니라 많은 현대철학자들이 공통적으로 지적하는 현대사회의 문제는 자본사회의 한 부품으로 전락한 개인이다. 그 결과 인간 역시 상품처럼 교환가치로 환산된다. 우리가 스펙을 쌓는 이유 또한 가격대비 최고의 성능을 지닌 상품성을 구비하기 위함이 아니던가. 여기서 소외되는 것이 바로 인격에 관한 물음들이다. 기업은 그 사람이 어떤 인생을 살아왔는지에 대해서는 관심이 없다. 자신들이 필요한 기능을 갖추고 있는지의 여부를 판단할 뿐이다.

점점 더 획일화 되어가는 사회 속에서 개인들은 '차이'에 대한 갈망을 지니기 마련이다. 그런데 그 '차이'를 실현해낼 만한 방법론들을 잘 모른다. 사회의 무의식으로 자라난 이들은 자신만의 가치를 고민해볼 기회를 가져본 적이 없다. 그나마 손쉬운 해결책이 평범한 군상들로부터 '차이'로 구분되는 상류층 집단의 소비품들을 소유하는 행위다. 그 '차이'의 가치를 모두가 공유함으로써 명품을 필수품으로 만들어버리는 역설. 그러나 그 소비품이 실질적 대상이 아니기 때문에 만족이란 있을 수 없다. 그래서 만족의 목적지로 설정된 대리의 대상은 늘상 바뀌기 마련이다. 신상에 대한 열정은, 실상 만족보단 불만의 증상이라고 봐야 한다.

보드리야르는 이런 소비품들이 지닌 가치를 '기호가치'라고 명명한다. 소쉬르가 밝혀낸 언어의 '기호'적 성질을 상품에 적용한 것이다. 지칭하는 말이 곧 지칭하는 대상의 속성은 아니듯, 욕망하는 상품이 곧 욕망하는 실질적인 대상은 아니다. 보드리야르는 이런 소비심리를 비판만 하지는 않는다. 그렇다고 옹호하지도 않는다. 개인을 질타하기에는 개인의 책임이 아니며, 자본주의의 무의식으로 자라나게 하는 구조로부터 짚어봐야 할 문제다.

다소 긍정적인 시각으로 풀어낸 철학자가 들뢰즈다. 카페 통유리로 비치는 나른한 오후 햇살 속에 집어 드는 한 잔의 여유, 그저 오후의 여유를 즐기는 자신의 이미지를 소비하고 있는 것뿐이다. 이 시대적 현상에, 바람이 움직이는 것도 깃발이 움직이는 것도 아니며 네 마음이 움직이는 것이라는 종교적 관조를 들이밀 것인가? 네가 향유하는 소비는 한낱 허상일 뿐이라는 플라톤의 이데아를 들이밀 것인가? 차라리 그 한 잔에서 행복을 느낄 수 있다면, 충분히 가치 있는 가상이며 환상이라는 입장이 들뢰즈의 긍정론이다.

물론 들뢰즈도 자본주의의 획일성에는 비판적인 입장이다. 그러나 일상의 작은 행복을 느낄 수 있는 이들이라면, 사회의 무의식에서는 어느 정도 자유로울 수 있는 '차이'의 가치를 '반복'하는 군상들이다. 소비의 습관이 잘못된 해소 방식으로 애용되는 것이 문제지, 소비 자체가 부도덕한 것은 아니다. 충분히 행복증진의 한 방법일 수 있다.

도시의 무의식

상품에 관한 발터 벤야민의 변증법, 대중은 대중문화를 향유함으로써 저 자신이 대중임을 자각하는 순환적 양태다. 대중들에게 소비는 곧 잠재적 소유를 의미한다. 백화점이곳저곳을 둘러보는 아이 쇼핑만으로도 어떤 풍요로움을 느낄 수 있는 건, 그것이 내 것이 될 수 있는 가능성들로 디스플레이가 되어 있기 때문이다. 쇼윈도 안의 마네킹은 자신의 옷장으로 연결되어 있는 무의식이다. 많은 사람들로 붐비는 백화점은 소비자 개개인에게는 사적 공간이기도 한 것이다.

백화점의 사적인 속성이 확장된 공간이 바로 도시다. 시민들은 최첨단의 문화를 제공하는 사적 공간을 공유의 방식으로 향유한다. 향유의 표상들은 도시의 거리에 즐비한 브랜드의 매뉴얼들과 같다. 그렇듯 도시의 거리는 개인의 꿈을 상품으로 진열해 놓은 공간이다. 그 공간을 소유하기 위해, 그리고 그 소유의 범주를 확장하기 위해, 소비를 가능케 하는 돈을 벌어야 한다. 소비는 우리 스스로가 도시의 한 표현임을 자각할 수 있는 방법론이다. 언제나 신상 모델만을 입고 서 있는 쇼윈도 안의 마네킹은 실상 소비시대를 살아가는 개인들의 이상화 된 자아이기도 하다. 우리는 욕망의 시선으로 쇼윈도 안의 그들을 바라보지만, 그들 역시 쇼윈도에 비친 우리를 바라보고 있다. 그 '타자의 시선'은 우리에게 말을 건넨다. "남들에게 뒤처지지 않는 패션 감각의 소유자라면, 마땅히 이 유행템을 사야 하지 않겠는가?"

도시인들에게 소비의 덕목은 경제 원리를 앞질러 있는 존재의미의 근거다. 소유는 곧 존재다. 매일같이 신상품이 쏟아져 나오는 도심의 거리, 그것들을 소유하고자 하는 욕망들이 펼쳐내는 역설은 소장의 가치가 사라진다는 점이다. 구매와 동시에 헌것으로의 카운트다운이 시작되는 세태 속에서, 집안으로 사 모으는 것들은 얼마 지나지 않아 죄다 헌것들이 될 수밖에 없는 운명이다. 따라서 도시인들이 욕망하는 거주지는 차라리 거리다. 반복되는 결핍감을 채우기 위해 신상들은 출시되는 족족 소비되며 '구제'를 양산한다. 벤야민의 표현을 빌리자면 '잔해 위에 잔해를 짓는' 반복이다. 그 반복으로나마 자신의 실존을 유지하는 도시인들에 의해 경제의 규모가 유지된다.

4.

절망에 관한
조금 다른 생각

살라! 오늘이 마지막 날인 것처럼

영원의 허망함

어렴풋하게 남아 있는 미취학 아동 시절의 기억 중 하나는, MBC에서 방영되던 《은하철도 999》를 보기 위해 여느 날보다도 일찍 잠에서 깨어났던 일요일 아침이다. 전통 장로교 집안에서 나고 자란 엄마의 회유로 '다닐 수밖에 없었던' 교회, 그 믿음에 회의가 들기 시작하던 시기이기도 하다. 왜 창조주께서는 하필 일요일에 쉬셨는가에 대한 질문을 십자가 위에 남긴 채, 나는 주님의 품을 떠나 철이와 함께 안드로메다행 은하철도에 올랐다.

동심의 여정이 끝날 즈음부터, 더 이상 메텔의 여성상을 동경하지 않았다. 왜 은하철도는 우주에서도 연기를 내뿜으며 달려가는 것일까? 어차피 허구인 스토리 속에 굳이 물리적 지식을 들먹이는 치기어린 똑똑한 척이 시작됐다. 성인이 되어서는 마츠모토 레이지가 전하고자 한 철학적 메시지에 더 관심을 갖게 됐다. 더 나이가 든 지금에는 그저 어린 시절에 관한 그리움으로 돌아본다. 가끔씩 유튜브에서 찾아 들어보는 주제가는 전주 부분서부터 뭉클하다. 어린 시절엔 미처 몰랐다. 이 노래가 이토록 슬픈 선율이었는지를….

어린 시절에는 미처 몰랐던 또 하나의 사실. 철이가 은하철도에 몸을 실은 이유는, 안드로메다의 프로메슘 행성으로 가서 불사의 기계인간이 되기 위함이었다. 하지만 그곳에 도착하자마자 목격한 광경은, 삶이 지겨워 죽음을 선택하는 기계인간들이었다. 영생이 지겨워 스스로 기계의 몸을 파괴하던 그들은, 영원이란 시간 속에서 시간의 가치를 잃어버렸다.

끝도 없이 계속되는 인생이라면, 스쳐지나가는 순간순간에 의미를 부여할 사람은 아무도 없을 것이다. 무한한 시간 앞에서 굳이 달과 날로 쪼개어 계획을 세울 필요도 없다. 무한한 선택의 기회 앞에서 선택되지 못한 것들은 기회비용으로서의 가치를 상실한다. 마음만 먹으면 언제고 다시 선택하면 그만인 일이다. 실상 선택이라고 표현할 수도 없는, 무한한 순서만이 있을 뿐이다.

하이데거는 불안과 공포의 개념을 구별한다. 공포는 특정 대상에 대한 긴장감인 반면, 불안은 그 대상이 명확하지 않다. 공포는 공포의 대상을 제거하거나 회피하면 그만이지만, 불안은 그도 쉽지가 않은 문제다. 자신의 의지로 제어가 가능하지 않은, 알 수 없는 시간대에 대해 느끼는 긴장감이다. 그 불안을 극으로 밀어붙인 곳에 버티고 서 있는 사건이 바로 죽음이다.

저 너머의 시간에 뭐가 있는지 누구도 말해줄 수가 없다. 그것에 대해 말할 수 있는 사람은 이미 죽어 있고, 죽음을 경험했다는 사람들이 도대체 뭘 겪고서 그렇게 말하는 것인지도 단정할 수 없는 일이다. 저 너머의 시간에 뭐가 있든 간에, 죽음은 최강의 불안으로 자리해 이 삶을 관장한다.

실존의 계보들에게서 죽음이 큰 주제였던 이유이기도 하다. 우리에게 주어진 시간은 영원하지 않다. 그러나 이런 유한함 속에서 삶의 의미가 발견된다. 불완의 존재로서 맞이할 수밖에 없는 끝이, 도리어 적극적인 삶을 가능케 하는 무한의 동력이다. 단 한 번이기에 누구에게나 소중할 수밖에 없는 삶의 시간, 그것이 삶의 대척에서 삶에 의미를 부여하는 죽음의 기능이다.

죽음의 순간에 이르러 주마등처럼 스쳐지나간다는 생의 시간. 언제고 '이 세상에서의 소풍'을 마치고 떠나게 되는 날, 어린 시절의 나와 함께 했던 철이를 다시 만날 수 있을까? 삶 저편으로 떠날 차비를 하고 있는 플랫폼으로 은하철도의 기적 소리도 다시 들려오리라. 다시 만난 철이에게 말하고 싶다. 후회없이 살았노라고….

은하철도 999가 지상에서 출발하는 장면은, 나이가 더 들어서 돌아보니, 멋진 상징성 같기도 하다. 길이 끝나는 곳에서 기차는 날아오른다. 그리고 '은하수 건너서 밝은 빛의 바다로'. 어쩌면 신에게로….

일단 사력을 다해 살 것. 그 이후의 시간은 신에게 맡기고….

죽음의 의미

"신은 죽었다."

이 말의 전제는 신이 죽기 전엔 살아있었다는 사실이다. 니체를 무신론자로 분류할 것인지에 대해서는 고민해 볼

여지가 있다. 정신의 문제를 안고 있었던 말년에는 서명을 '디오니소스'로 대신했을 만큼, 올림포스의 신과 자신을 동일시하기도 했다. 기독교를 신랄하게 비판했을지언정, '유일한 기독교인은 그리스도 자신'이었다고 말했을 정도로 그리스도를 존경하기도 했다. 니체는 신적 존재 그 자체를 부정했다기 보단, 인간의 자의대로 설정해 놓은 신의 '개념'과 편의대로 개진하는 종교의 교조주의적 이데올로기를 거부했을 뿐이다.

알 수 없는 내일에 대한 불안, 언제고 다가올 죽음에 대한 불안으로 인해 인류는 '신'을 만들어냈다. 인간의 지평으로는 알 수 없는 것들에 대한 불안의 열쇠를 신에게 맡긴 것이다. 그리고 인간의 지평 안에서 창조해낸 죽음 이후의 시간으로 삶을 위로하기 시작했다. 아무리 열심히 살아도 기득권에게만 유리하게 돌아가는 세상의 부조리, 그것을 그저 소명으로 떠안고 살 수밖에 없었던 시대의 민초들은 그 허무와 울분을 죽음 이후의 시간으로 보상받고자 했던 것이다.

니체의 지적은, 그런 필연을 향한 믿음이 어떤 부조리에도 맞서 싸우지 못하게 하고 도리어 그 부조리를 지탱한다는 사실이다. 모든 것이 신의 뜻이라며, '저 너머'에는 분명 다른 삶이 기다리고 있을 것이라며, 신의 견해는 단 한 마디도 들어 있지 않은 신앙으로 살아가는 체념의 삶. '저 너머'에 설정된 시간을 빌미로 이 삶을 그저 '준비'의 단계로만 간주하며, 삶의 시간을 모조리 죽음을 위해 소비하게끔 하는 허무주의. 이것이 니체가 신에게 사형을 언도한 주된 이유다. 그로써 신에게 맡겼던 불안의 열쇠를 인류에게 되찾아 준 것. 가당치도 않은 신의 존재에 대한 해명보다 앞서야 하는 것은, 인간 스스로가 자기 존재를 해명하는 생의 의지다.

삶의 허무를 돌파하기 위한 니체의 제안은 죽음 그 자체를 받아들이는 것이다. 죽음이란 끝이 있기에 이 삶이 더욱 더 소중해질 수도 있는 것이다. '저 너머'에 정말로 영원한 삶이 있는지 어떤지는 누구도 알 수 없다. 죽음에는 절대로 경험이 성립될 수 없다. 하이데거의 표현을 빌리자면, 죽음은 가장 독자적이고 몰교섭적인 사건이다. 하여 죽어 본 '적'이 없는 누군가들에 의해 말하여지는 그 모두가 한낱 가정에 불과하다. 우리는 결코 죽음이 어떤 것인지에 대해 알 수 없다. 우리가 알 수 있는 시간은 죽음이 시작되는 곳에서 멈출 수밖에 없다. 그러나 그런 확연한 끝이 있기에 우리의 삶이 보다 역동적일 수도 있는 것이다. 어느 싯구절처럼 오늘이 마지막 날인 것처럼 살아야 하는 이유는, 우리가 정말 내일 죽을지도 모르기 때문에….

삶이란 무엇일까? 어쩌면 아무런 의미도 없을지도, 그냥 태어났으니까 죽을 때까지 살아가는 것일 수도…. 이 질문에 대한 명쾌한 대답이 있기나 하던가. 어쩌면 삶을 깨닫기 위해 우리는 이 삶을 소비하면서 살아가는 것인지도 모른다. 산다는 건 무엇일까? 이 질문에 대한 대답이 지금 우리가 살아가고 있는 순간순간일지도…. 죽음이 다가왔을 때, 살아온 평생을 돌아보며 비로소 깨닫게 될 삶의 의미를 만들어가고 있는 '지금'이기도 하다.

누구나 잘 살다가는 인생을 바란다. 그 '잘'은 결국 죽음이라는 끝을 통해서 완성된다. 그렇듯 죽음은 곧 삶이기도 하다. 그 끝을 향해 한걸음씩 다가서고 있는 우리의 하루하루는 어떻게 소모되고 있을까? 인생의 끝자락에, 후회로만 가득한 삶을 남겨두고 떠나려 하는가?

죽음에 이르는 병

실존적 주체

철학에 관심이 없는 사람일지라도 한 번쯤을 들어봤을 법한 '실존'의 정확한 의미는 무엇일까? 키에르케고르는 '실존(existence,實存)'을 가능성과 확장성으로 설명한다. 어떤 식으로 전개될지 모르는 미지와 불확정적 우연 사이에서 매 순간을 살아내는 실시간적 '나'의 속성이다.

가벼운 발걸음과 무거운 발걸음, 마음의 상태에 따라 육신을 잡아당기는 중력은 다르게 느껴진다. 동양이나 서양이나, 아주 오래 전에는 생각과 마음의 기관은 심장이었다. 지금이야 심장에서 두뇌로 올라와 있는 상황이지만, 근심과 걱정으로 먹먹해져오는 가슴을 안고 살아가야 하는 존재방식은 현대인에게도 유효하다. 이를 감정의 왜곡으로만 볼 것이냐의 문제가 플라톤에 대한 반론들이 공유하고 있는 질문이다.

우리가 보고 듣는 세계가 왜곡의 장(場)이라면, 이미 그 세계를 매개하고 있는 우리의 판단은 결코 객관에 도달하지 못하는 왜곡일 수밖에 없다. 그렇다면 실상 우리에게 가능한 것이라곤, 왜곡일지언정 그 왜곡된 시공간을 전제한 생각과 행위일 뿐이다. 현대철학의 화두는 논리도 이성도 아니다. 개인이 저 자신의 삶에 투영하는 주관적 '느낌'의 문제다.

주체란 한 발자국 뒤에서 현상을 관망하는 관찰자의 시점이 아닌, 그 맥락을 직접 살아가는 참여자의 시점이다. 내게서 분리되어 객관적으로 존재하는 진리 따위는 없다. 그것은 마치 자신을 빼고서 인원수를 세고 있는, 소풍 나온 아기돼지들의 행위를 보편으로 규정하는 경우와 같다. 그래서 아무리 세어도 늘 모자라는 것이다. 우리가 지향해야 할 가치들은 '영원'을 기준으로 하는 것들일지 모른다. 그러나 그 가치관으로 바라보아야 할 시간대는, 내가 발을 담그고 있는 '순간'이다.

불안의 개념

맞닥뜨린 같은 상황 앞에서 느끼는 '기분'은 사람마다 다르다. 주체가 마주하고 있는 현상보다 중요한 것은, 주체가 느끼고 있는 정서적 상황이다. '기분'은 이성적 반성의 산물도 아니며, 이성적으로 반성이 될 수 있는 영역도 아니다. 도리어 기분으로 인해 반성되는 생각들이 달라진다. 즉 기분에 따라 맞닥뜨리고 있는 세계가 달라지는 것이다. 분명 같은 풍경 속을 걷고 있으면서도, 사랑하는 연인을 만나러 가는 길의 발걸음은 가볍다 못해 날아갈 듯 하지만, 사랑하는 사람과의 이별 후에 되돌아오는 길은, 그토록 낯설고 멀기만 하지 않던가.

실존주의자들은 이런 기분과 관련한 '불안'에 대해 말한다. 불안은 특정 대상에게 느끼는 감정이 아니다. 알 수 없음과 모름을 마주하고 선 주체에게 밀려드는 '애매함'의 기분이다. 가령 으슥한 골목길에서 마주친 불량배는 공포의 대상이지만, 으슥한 골목길 돌아에서 무언가가 나타나지 않을까를 걱정하는 정서는 불안이다. 아직 다가오지 않았고, 그렇기에 경험되지도 않았으며, 그렇기에 정확한 원인도 알 수 없다. 이것이 특정 대상에게 느끼는 공포와 구분되는 불안의 정체다.

인간은 누구나가 불안을 지닌 채 살아간다. 그 모두가 '알 수 없는 인생'이라는 미지의 우연 앞에 던져진 존재다. 그 불안 속에서 가끔씩 세상에서 분리된 자신의 존재를 느끼게 되니, 저 유명한 명제 '난 누군가? 또 여긴 어딘가?'의 각성이 다가오는 순간이다. 불안은 이 세상에 오로지 나 혼자만이 남아버린 듯한 고립감과 함께 찾아든다. 아이러니는 그 불안의 단독샷에서, 그전까지 '나'가 아닌 시간에 매몰되어 살아가고 있던 자신을 발견한다는 점이다.

데카르트가 생각에 대한 의심을 극한으로 밀어붙인 끝에 존재를 증명했듯, 키에르케고르는 '지금 여기'에서 느끼고 있는 불안 하나만이 확실한 상황으로부터 실존을 개진한다. 지금까지 자신이 유지해온 존재방식과는 전혀 다른 결로 엇놓이는 사건, 그것은 갑작스럽게 끼어든 우연의 모습으로 다가온다. 어떻게 전개될지에 대한 방향성을 예측할 수 없기에, 당면한 순간순간마다에서 불안을 느낀다. 역설은 예측을 할 수 없기에, 예측을 위한 '생각'이 일어난다는 점이다. 불안이 감지되기 전까지, 우리는 과거의 관성대로만 살아왔을 뿐이다. 고민과 갈등은 없었으며, 실상 '선택'이라는 행위도 존재하지 않았던 것이다. 그저 과거를 답습하고 있었을 따름이다.

실존은 순간과 맥락에 참여하는 적극성이며, 그 주체적 사고는 불안으로부터 비롯된다. 관성으로 살아가던 인생들이 비로소 선택의 문제로 고심하는 것이다. 이전까지 견지하고 있던 존재방식은 더 이상 소용없다는 자각으로부터, 도리어 새로운 선택을 할 수 있는 가능성이 열리는 것이다. 그렇듯 단절과 고립은 도약과 진화의 계기다.

'지금 여기'의 문제

불안은 우리에게 열려진 무한한 가능성 앞에서 느끼는 긴장감이다. 어떤 선택 앞에 어떤 미래가 기다리고 있는지 알 수 없기에, 우리는 이 불안을 최소화하기 위한 방편으로 누군가의 조언에 귀를 기울이거나 다수의 선택에 촉각을 곤두세운다. 아직 일어나지 않은 자신의 미래는 누구도 알 수 없는 일임에도, 경험을 지니고 있다는 누군가와 보편적 근거로서의 다수를 필요 이상으로 의식한다.

키에르케고르는 스스로 고민하지 않고 외부에서만 해답을 기대하는 삶의 태도를 최악의 절망으로 규정한다. 그의 지적으로는, 불안을 줄이겠노라 실상 극강의 절망을 택하고 있는 것이다. 각자의 존재방식으로 풀어가야 할 문제의 해법을 남들이 알고 있을 리도 없고, 가르쳐 줄 수는 더더욱 없는 노릇이다. 고로 불안은 자신의 독자적인 존재방식으로 증명해야 하는 숙제이기도 한 것이다.

그러나 대부분의 사람들은 맞닥뜨린 불안 앞에서 자신에게 익숙한 방식을 다시 꺼내든다. 세상의 통념에 의지하기 위해, 이미 읽을 만큼 읽었고 들을 만큼 들은 세상의 담론에 다시 빠져든다. '나만 그런가?'에 대한 질문에 '아니다. 저들도 그렇다'라는 대답으로 위로받고자 한다. 물론 나만 그런 건 아니다. 저들도 그렇다. 그러나 저들이 그렇고 말고는 전혀 상관할 바가 아니다. 자신의 결단이 중요하다. 저들도 그렇다는 위로가 불안에 무젖는 순간, 불안이 건넨 각성은 다시 애매해진다. 너 자신이 되지 못하고, 다시 세상의 일반적 타자로 퇴락하는 것이다.

탈무드를 인용하자면, 생각하는 것으로부터 달아나기 위해 우리는 책을 읽는다. 물론 책을 읽지 말란 이야기가 아니다. 번뇌를 회피하기 위해 우리는 어떤 식으로든 확답을 건네는 견해를 따라가는 경향이 있다는 함의다. 질문이 던져졌다면 질문의 주변부터 탐문해 들어가야 함에도, 우리는 이미 갖춰진 대답으로부터 나올 준비가 되어 있다. 그 대답이란 것을 대부분 누군가의 저서, 누군가의 강연, 누군가의 인생에서 얻는다. 자신의 삶에 대한 물음에, 정작 자신이 내놓는 대답은 없다.

키에르케고르가 말한 실존의 요는, 어차피 누구도 모를 불확실성일 바에는 너 자신의 선택대로 나아가라는 것이다. 그리고 내가 지니고 있는 가능성 중에, 내게 최상이라고 생각되는 가치를 '반복'하라. 그런 선택적 반복이야말로 너 자신으로 살아가는 실존적 행위다. 우리의 삶은 언제나 평균과 보편에서 각자의 거리로 떨어져 있는 편차일 수밖에 없다. 그렇기에 평균적 방법론과 체계의 수월성이 나에게까지 유효한 효율인 것도 아니다. 차라리 더 어려운 여정으로의 독자적 선택이, 진정한 나 자신을 마주할 수 있는 보다 쉬운 철학적 방법론이라는 것이, 키에르케고르가 역설(力說)하는 역설(逆說)이기도 하다.

불확실성 앞에 차라리 너 자신으로 당당히 마주하는 불안, 그 각성의 혼돈으로부터 시작되는 선택의 연대기가 그전까지 자신에게서 발견되지 않았던 미래다. 그리고 그런 삶의 태도야말로 '인류'가 아닌 한 '인간'으로서의 삶을 살아가는 실존이다. 매 순간을 살라! 그 순간 속에서 자신의 이야기를 살아가고 있는지, 아니면 보편의 가치로 종용되는 타인의 이야기가 나를 대신해서 살아가고 있는지에 대해서 끊임없이 반성하라! 세계는 언제나 '나'라는 마지막 한 땀으로 완성되는 것. 또한 '나'만큼을 비껴간 작은 차이 속에, 가능과 잠재의 시간은 도리어 허무함과 무료함으로 쌓여간다.

노력하는 한 방황하리라.

메피스토펠레스는 주님으로부터 파우스트가 지상에서 살아가는 동안에는 무슨 유혹을 하든 말리지 않겠다는 동의를 이끌어 내는데, 여기서 그 유명한 '인간은 노력하는 한 방황하리라'라는 기이한 명제가 탄생한다. 얼핏 악마에 대한 양보처럼 보이지만, 신의 의도는 실상 인간을 향한 배려였다. 신이 인간의 삶에 관여하지 않음으로써, 인간 스스로의 선택에 맡긴 것이다. 융은 자신의 저서에 이런 해석을 적어놓았다. '신은 인간이 얼마나 나를 사랑하는지를 시험하기 위해서 사탄과 내기를 한다. 그래서 사탄은 신과의 합의하에 우리를 괴롭힌다.'

결국 저 스스로를 믿고 살아가야 하는 인간의 삶이며, 이미 '진인사(盡人事)'의 단계에서 '대천명(待天命)'의 성질이 결정되어 있는 것이기도 하다. 끝없는 방황과 지독한 고독, 뭐 하나 제대로 풀리지 않는 인생 역시 신의 뜻이다. 너 스스로 이루어내라 하심이다. 너 스스로 일어나 다시 달려가라 하심이다. 그래서 신은 이 땅에 '방황'을 내리셨다. 방황한다는 것은 노력하고 있다는 증거이다. 오히려 노력이 없는 자들에게 확신과 긍정만이 그득하다.

키에르케고르의 또 다른 키워드인 '절망'은 우리가 생각하는 일반적인 절망 개념과는 다소 차이가 있다. 그는 증상에 따라 절망의 단계를 나누고 '절망인지도 모르는 절망의 상태'를 최악의 절망으로 지적한다. 통증 없이 커가는 병들이 대부분 죽음과 직면해서야 발견되듯, 절망을 회피하려고만 들다가 절망을 절망으로 인식하지 못하는 무지를 '죽음에 이르는 병'으로 정의한다.

키에르케고르는 차라리 몸이 아플 때 비로소 건강의 소중함을 깨닫는 예를 들어 '절망'을 긍정한다. 절망은 자아에 대한 상실이며 자신을 존재케 한 신과의 관계도 단절된 상태이지만, 도리어 그 상실과 단절을 통하여 참된 신앙과 삶의 진정성을 깨달을 수 있는, '신 앞에 선 단독자'가 된 상태이기도 하다. 또한 절망의 상황을 절망으로 직시하면서 당당하게 마주설 수 있는 삶의 자세야말로 반성과 각성을 가능케 하는 조건이다. 절망은 죽음 자체가 아닌 죽음의 도래를 감지케 하는 증상이다. 그리고 짙게 드리워지고 있는 죽음의 그림자에서 벗어나고자 하는 발버둥이 방황이라는 증상으로 표출되는 것이다.

아픔을 느낀다는 것은 몸이 보내는 경고의 메시지다. 절망 역시 삶이 보내는 경고의 메시지다. 이유가 있어 당신을 그 자리에 주저앉히는 것이다. 앓는다는 것은 우리의 몸이 병균과 싸우고 있다는 뜻이다. 아픔은 곧 치료의 과정을 뜻하기도 하며, 어떤 병에 대해선 항체를 얻게 되는 과정이기도 한다. 몸은 아픔을 통해서 병을 넘어선다. 아픔을 느끼지 못한다는 것은 이미 병에 의해 몸이 지배된 상태, 즉 죽음을 의미한다.

한계상황

영점 판단

『슬램덩크』에서, 강백호는 해남과의 경기 중 자신의 부족함을 처음으로 고백한다. 그전부터도 모르고 있었던 건 아니다. 인정하고 싶지 않았을 뿐이다. 부족함을 인정하며 현시점에서 자신이 무엇을 해야 하는 것인지와 무엇을 할 수 있는지를 고민하는 자각 이후에야, 자신의 역량에 맞춘 창의적 플레이도 가능했다.

야스퍼스가 말하는 한계상황은 본인의 제어 영역 바깥에서 맞닥뜨리게 되는 각성의 순간이다. 그것을 할 수 없기에, 자신이 무엇을 할 수 있는가에 대한 철저한 자기반성을 잇댄다. 다른 말로 하자면, 자신의 영점(零點)에 대한 제대로 된 판단이 비로소 가능해지는 것. 그렇기에 지금의 상황을 내가 주도할 수는 없어도, 어떻게 대처해야 할지의 단서는 선명해진다. 그 영점 위에서 당장에 할 수 있는 것들을 한다. 그러다 보면 오늘과는 조금이라도 다른 내일로 나아가기 마련이다.

내가 잘 한다고 믿는 것, 내가 잘 안다고 믿는 것, 때로 이 판단 미스가 발전을 가로막는다. 다들 자기 잘난 맛에 사는 세상, 그런 인식으로 세상을 바라보는 것이기도 하기에, 사실이 어떻든 간에 자신의 믿음대로 하면 될 것 같지만 실상 그렇게 되는 일은 없다. 경험으로 몇 번이고 확인했지만, 이번에는 다를 거라며 다시 한 번 저번과 같은 믿음으로 밀어붙인다.

나는 내가 생각한 것만큼이나 잘 하지도 잘 알지도 못한다, 이런 인정으로부터 한계의 경계를 지우는 확장도 가능하다. 그러나 대개, 너도 나도 말하는 이런 겸허를 천성이 따라잡지 못한다. 그 고집스러움을 유지할 수 없는 극한의 상황이 되어야 비로소 자기 관성의 바깥을 내다보는 이들이 간혹 있다.

궁하면 통한다.

야스퍼스의 '한계상황' 개념을 『주역(周易)』의 한 구절로 대신하자면, '궁즉통(窮卽通)'이다. 닥치면 다 하게 된다. 하늘이 무너져도 솟아날 구멍을 있을지 모르지만, 하늘이 무너져야만 비로소 사력을 다해 솟아날 구멍을 찾게 되는 우리가 아니던가. 어쩔 수 없이 받아들여야 하는 좌절과 절망은, 때론 사고의 비약(飛躍)을 가능케 하는 동력이 되어주기도 한다. 갑작스럽게 가로놓이는 인생의 장애물들은, 뛰어넘을 수 있는 가능성도 함께 지니고 다가온다. 이전까지는 전혀 가늠해보지도 않았던, 그래서 시도조차 해보지도 않았던 가능성을 말이다.

그래서 '위기는 곧 기회다'라고 말하는 것인지도 모르겠다. 정작 위기에 빠져 있는 입장에서는 이 뻔하디 뻔한 위로의 문장이 썩 마음에 와 닿지는 않는다. 위기는 그저 위기이고, 늦었다고 생각할 때는 정말 늦은 시기다. 그러나 위기에 대한 자각으로부터 더 늦지 않으려 사력을 다하는 행위가 일어나며, 기회를 영접할 시기가 앞당겨질 수 있는 것이기도 하다. 또한 이미 돌이킬 수 없는 위기라면 뭐 어쩌겠는가? 저 명제를 참으로 만드는 것 이외에는 별 다른 해결책도 없다. 주위를 아무리 둘러봐도 온통 어둠뿐이라면, 차라리 어둠을 받아들이고 어둠 속에서도 길을 찾을 수 있는 다른 감각을 계발하는 것이 그저 주저앉아 울고 있는 것보다야 현명한 대처법일 것이다. 외면한답시고 눈을 감아봐야 더 짙은 어둠만이 기다리고 있을 뿐이다.

우리는 실상 각자가 지닌 잠재적 능력치에 대해 잘 모르고 있는 경우가 많다. 여간해선 검증해 볼 기회가 주어지지 않을뿐더러, 능동적으로 한계를 시험해 보는 경우는 더욱 없기 때문이다. 다른 실존철학자들과 마찬가지로 야스퍼스의 철학 역시 열린 가능성에 초점을 맞춘다. 인간은 누구나 스스로가 그은 한계를 넘어설 수 있는 초월성을 잠재하고 있다. '포월(抱越)'이라 명명되는 이 존재방식은, 맞닥뜨린 부정적 사태 앞에서 이루어내는 히어로적 각성을 의미한다. 호수의 물이 호수의 한계를 넘어 바다가 되고자 한다면, 호수가 넘쳐야 한다. 마찬가지로 자신의 한계를 넘어서려면 자신 안에서의 무언가가 넘쳐나야 한다. 그 포화를 가능케 하는 동기부여가 좌절과 절망 같은 '한계상황'이며, 그것을 넘어서기 위해 사력을 다하는 과정 속에서 생각과 행위가 증가한다.

도저히 어찌해 볼 도리가 없는 상황. 그러나 이런 상황에 놓인 후에야 스스로에 대한 자각이 다가온다. 지금까지 해 온 방법론으로는 안 되는 상황이기에, 그동안 안 해 본 방법을 시도해 보는 것이기도 하다. 돌아보면 이런 저런 방법은 다 해 본 듯 하면서도, 그 방법은 왜 여지껏 안 해 봤을까?

우리는 문제를 해결함에 있어서, 문제에 집중하는 게 아니라, 자신에게 익숙한 시간들에 전념한다. 그 익숙함으론 안 되니까, 낯선 방법으로의 도전을 감행해 보는 것. 익숙함이란 건 자신에게 효율인지는 몰라도, 문제의 입장에서 효율은 아니다. 관성으로는 먹혀들지 않는 한계상황에 놓여 봐야 사유의 도약도 이루어진다. 물론 사람 나름이지만, 힘든 시기를 겪고 나야 겨우겨우 변하는 사람들이 있지 않던가.

극한으로 내몰린 후에야 내가 지닌 내구성과 지구력에 대한 제대로 된 이해가 가능하다. 닥치면 다 한다는 말은, 닥치지 않은 시기에는 덜 하고 있었다는 말이기도 할 터. 나의 한계를 시험하는 지점에서 나의 최대치가 확인되는 것이기도 하다. 그런 것도 할 수 있고, 그렇게까지 버텨낼 수 있는 잠재성은 그런 상황에 놓이게 돼서나 발휘되는 것들이다.

벽과 벽 사이에 난 길로만 갈 줄 알던 이가, 사방이 벽으로 가로막힌 뒤에야 비로소 벽을 뛰어 넘고, 기어 넘고, 허물고 부술 생각을 한다. 왜 진즉에 그렇게 하지 않았을까라는 생각조차도 벽으로 둘러싸인 후에나 하기 마련이다. 그전까지 그런 고민 자체가 필요 없었기 때문이다. 가능성은 그렇듯 위기에 대한 대처방법으로 주어진다.

길이라고 믿었던 것이 사라지는 순간, 그전까지는 미처 가늠해보지 않았던 다른 길의 가능성도 발견된다. 또한 내가 그저 단 하나의 루트에 한정되어 걷고 있었다는 사실도 그제서야 깨닫는다. 걸음이 멈춰진 순간, 이전까지 가늠해보지 않았던 역량들이 새로이 발견되기도 한다. 가로 놓인 후에야 높이를 뛰어넘을 수 있는 능력이 발견되고, 끊어진 후에야 내게 잠재되어 있던 넓이의 능력이 발견된다.

절망 그대로의 절망

절망의 시제

염세주의라는 '오명'에도 불구하고 많은 독자들로부터 쇼펜하우어의 철학이 사랑받는 이유는, 모든 가식을 걷어버린 그의 진솔함 때문일 것이다. 절망에 대한 그의 견해 역시 필요 이상으로 솔직하다.

"철학은 과거의 재난과 미래에 대해서는 손쉽게 말해도, 오늘의 절망에 대해서는 아무런 말도 하지 못한다. 우리의 불행한 오늘이 철학에게서 항상 승리하는 이유다."

모든 철학 앞에서 그가 늘어놓는 심통이 승리할 수밖에

없는 이유는, 인정하고 싶지 않을망정 공감하는 말이기 때문이지 않을까? 절망이 던진 질문에 대한 당신의 대답이 체념이라면 죽는 것도 괜찮은 방법이다. 쇼펜하우어는 이렇게까지 말한다. 그러나 어찌 죽음에 대한 권고이겠는가. 이미 절망 속에서도 어찌 살아가야 하는가를 궁리하고 있다면, 절망을 밟아가며 다시 길을 낼 수밖에 없다. 그것은 반전을 준비하는 조건도, 영웅이 되기 위한 과정도 아니다. 스스로 느끼고 있듯, 그저 절망일 뿐이다.

'언젠가 저기'에서 다가올 희망이 지금의 절망을 구원할지 어떨지는 알 수 없는 일이다. 보다 필요한 것은 제시된 삶의 영점(零點)에 맞추어 순간을 살아가는 존재방식이다. 충실해야 할 것은, 지금의 내 앞에 버티고 있는 절망이다.

행복에 관하여

석가모니는 인간사의 전제를 고통으로 설파했다. 우리는 욕망에 닿지 못하는 고통을 짊어진 채 발을 끌며 절며 욕망을 쫓는다. 그리고 그 욕망을 따라잡은 순간엔 다시 그 너머의 욕망을 갈구한다. 결핍이 채워지는 순간, 만족은 무화(無化)가 되고, 다시 새로운 결핍을 설정하는 무한 반복. 고통이란 결국 능동적으로 반복하고 있는 허무이기도 한 셈이다. 하여 프로이트는 욕망을 완전히 충족 방법으로 죽음을 제안하기까지 했다.

쇼펜하우어는 인도철학에서 영감을 받은 철학자로 알려져 있다. 때문에 쇼펜하우어의 철학을 욕망으로부터 한 걸음 떨어져 삶을 관망하는 종교적 '관조'로 해석하는 이들도 있지만, 고집불통의 철학자란 수식과는 다소 어울리지 않는다. 고통을 기꺼이 감수하면서 욕망대로 살아가든가, 만족의 수준을 낮추든가를 선택하라는 정도의 해석이 온당하지 않을까 싶다.

어차피 삶의 전제는 행복이 아니라 고통이다. 그리고 그것은 좌절된 욕망으로부터 기인한다. 차라리 그 낮은 역치를 전제하면 오히려 작은 행복도 소중히 여길 수 있다는, 쇼펜하우어식 염세주의가 지니는 역설이다. 이는 쇼펜하우어의 저서에 감명을 받고 철학자의 길을 택했던 니체가, 쇼펜하우어에게 결별을 선언하며 자신만의 철학으로 갈라져 나온 지점이기도 하다. 니체에겐 삶의 순간순간들이 긍정으로 충만한 가능성의 시간들이었다.

욕망을 없애는 방법, 즉 고통을 없애는 방법은 열반뿐일까? 아니면 모든 욕망을 버리고 무소유의 삶을 택해야만 하는 것일까? 이도저도 아니라면, 고통 자체를 긍정하는 수밖에 없다. 그야말로 No pain, No gain이다. 기대하지 않았던들 실망하지 않았으리라. 사랑하지 않았던들 상처받지 않았으리라. 그렇다고 평생 기대하지 않고 사랑하지 않으며 살아가겠는가? 쇼펜하우어의 대답이 네가 알아서 선택할 일이라면, 니체의 대답은 아프고 슬플지언정 기꺼이 기대하고 사랑하라는 것이다.

《She's gone》을 부르면서 매끄러운 고음처리를 욕망한다면, 목에 핏대를 세우는 도전을 멈추지 마라. 피를 토해내는 고통을 감내하며 득음을 하던가, 그에 미치지 못하더라도 임재범의 《고해》 정도는 잘 부를 수 있는 가창력을 갖추게 될 것이다. 이것이 절망으로서 절망을 넘어서는 니체 식의 긍정이다.

피를 토하면서까지 고음을 고집하겠다면 얼마든지 욕망하라! 그렇지 않다면 지금 당장 리모콘을 집어 들어 키를 낮춰라! 고통을 넘어서고 싶다면 먼저 고통의 담벼락에서 욕망의 벽돌을 빼내어 높이를 낮출 것, 그렇지 않다면 욕망의 크기만큼으로 고통을 감수하라. 이것이 쇼펜하우어의 행복론이다. 그에 비해 니체의 행복론은, 욕망의 높이만큼으로 고통의 깊이까지 사랑하라는 요지다.

뮤지션에게 가장 힘든 일은 뭘까? 음악이다. 더 잘 하고 싶은데, 잘 나오지는 않으니까. 나를 주저앉히는 것들은 내가 욕망하는 방향에 놓여 있기 마련이다. 하여 고심할 걸 알면서도 그냥 하는 것. 카뮈가 말하는 부조리의 한 사례가 사랑이다. 아플 걸 뻔히 알면서도 빠져드는 것. 그냥 사랑하는 것. 사랑이란 게 오롯하게 사랑만으로 진행되는 시간은 아니지 않던가. 사랑하지 않았던들, 아프지도 않았을 일들. 삶도 마찬가지다. 카뮈는 이렇게 말했다. 삶에 대한 절망 없이, 삶에 대한 사랑도 없다.

지옥으로의 초대

긍정의 철학자라고 불리는 니체의 방법론은, 모든 것이 잘 될 것이라 믿는 자신의 긍정적 신념을 긍정하는 게 아니다. 다가온 절망 자체를 긍정하는 것이다. 긍정적인 마인드로 벽이 사라지기를 기다릴 게 아니라, 벽을 통해 그 벽을 넘어설 수 있는 악력과 도약력을 갖추게 될 자신을 긍정하라는 것이다.

결국엔 잘 되지 않을 것이다. 그럼에도 그 벽 앞에서 떠나지 않을 수 있겠는가? 다시 바닥으로 꼬꾸라지더라도 그 벽을 넘어설 시도를 계속하겠는가? 그렇다면 그 벽 너머에 있는 것은 당신이 정말로 좋아하는 일이다. 정말로 좋아하는 것이 아니라면 거듭되는 실패 앞에서 그런 인내심이 발휘되기 어렵다. 단지 몇 번의 시도가 그 벽으로부터 돌아서는 이유가 된다면, 그 너머에 있던 것은 당신이 하고 싶었던 일이 아니었을 공산이 크다. 그것을 통해 얻어질 수 있는 부수적인 효과를 욕망하던 착각일 수도 있다.

"이빨이 아프다고 해서 그것을 무조건 뽑아버리는 치과의사에게 우리는 찬사를 보내지 않는다. 치유로 보이는 것이 결국에는 그 치유의 대상이 되었던 병보다 더 독한 무언가를 낳기도 한다. 즉각적으로 효과를 나타내는 수단들, 마치와 도취, 소위 말하는 '위안'들은 무지하게 치유책으로 여겨지기도 한다. 우리는 고통을 물리치기를 원한다. 그러나 실제로 우리는 물리치는 방법으로 오히려 고통을 더 증폭시키고 악화시키곤 한다."

주어와 접속사만 바꾸어 편집한 니체의 어록이다. 절망

앞에서 우리는 부단히도 긍정과 힐링의 담론으로 도피한다. 도피가 가능하다면 그도 괜찮은 방법이다. 그러나 얼마 가지 못해 약발이 다하고 마는 그것들을 파고드는 각성은, 그 도피가 가능하지 못해 온몸으로 맞고 있던 절망이었다는 사실이다. 세상에 울려 퍼지는 긍정의 복음도, 힐링의 찬가도, 실상 그다지 효과적인 완충장치가 되지 못한다. 안 그런 척하는 정신승리로 남들 앞에서 일말의 자존감을 지켜내고 싶은 것뿐이지. 우리는 절망에 대해서조차 타인의 눈치를 본다.

그러다 모든 것을 훌훌 털어내고 그것들에게서 떠나기로 마음먹게 되는 어느 날이 다가오기도 한다. 떠날 수 있는 계기가 되어주는 것은, 아이러니하게도 그 절망이다. 이래저래 절망이라면, 절망에 휘둘려 꾸역꾸역 살아가느니, 그냥 절망의 중심을 향해 들어가 내 스스로가 절망이 되어보자는 다짐이다. 이도저도 아닌 것보다는 내가 원하고 바라는 것들에게 철저히 부서져보자는 욕망의 방향성이기도 하다.

"피할 수 없으면 즐겨라!"

이런 말 같지도 않은 말에 공감하지 못하는 자신에 대해 부정적인 생각을 가질 필요는 없다. 피할 수 있었으면 진즉에 피했어야 할 절망이다. 그러나 피할 수 없고 즐길 수 없기에 절망이기도 한 것이다. 쇼펜하우어를 통해 철학계로 입문한 니체가, 쇼펜하우어의 염세주의와 결별을 고한 이후에도 이 전제만큼은 공유했다. 니체 역시 고통을 삶의 한 부분으로 받아들여야 도리어 고통에서 자유로울 수 있다는 역설에서는 벗어날 수 없었다.

어차피 다시 돌아갈 수도 없다. 절망과 좌절로 부서진 폐허에 후회와 미련으로 흩어지는 삶의 파편들, 그것을 짓이겨 만든 벽돌을 쌓아올려 다시 미래를 만들어 갈 수밖에 없다. 어쩌다 이 지경에까지 이르렀을까? 숱하게 자문하지만, 결국에 욕망해야 할 것은 부서지기 전으로의 회복이 아니라 부서진 것들을 딛고 나아가는 극복이다.

니체는 이렇게 말했다.

"언젠가 새로운 천국을 세워본 적이 있는 사람은 누구나, 그것을 세우기 위한 힘을 그 자신의 지옥 속에서 발견했다."

천국도 지옥의 질료로 만들어진다. 천국은 장차 도래하는 것이 아니라 이미 도래해 있는 지옥이다. 때는 다가오는 것이 아니라 이미 시작되고 있는 것이다. 지금도 이미 그 '때'이다. 방문을 환영한다. 여기는 지옥이다.

나에게로의 영원회귀

차이와 반복

스피노자 철학의 중심 키워드인 '코나투스'는 자연이 지닌 생명력을 일컫는다. '의지'는 쇼펜하우어가 특화한 키워드로, 우리가 일반적으로 사용하는 그 의지 개념과는 약간의 뉘앙스 차이가 있다. 정신분석적으로 말하자면 무의식의 영역에 해당한다.

니체는 스피노자와 쇼펜하우어의 개념을 비판적으로 수용한다. 자연은 자기보존을 위한 생명의 힘들로 가득 채워진 세계다. 자연의 일부인 인간 역시 그 생명력을 지니고 있으며, 이 힘을 향해 있는 본능이 바로 '힘에의 의지'다.

'힘에의 의지'는 자기 보존의 욕구다. 자신의 가치로 살아가고자 하는 본능. 보편의 명분으로 개인을 옥죄는 부조리에 맞서, 자신의 정체성을 지키고자 하는 의지다. 타인과 다수의 담론에 희석되지 않는, 자신으로 변별되는 '차이'를 유지하는 장력, 그 힘을 향한 의지다.

자신만의 고유한 '차이'는, 자신에게서 확인된 가장 가치 있는 행위들을 '반복'한 결과다. 또한 반복된 연습으로 더 나은 기량을 갖출 수 있게 되듯, '반복'은 지금의 나에게 없는 '차이'를 생성하기도 한다. 남들과 변별되는 정체성으로서의 '차이', 그리고 현재의 나와 '잠재적 나'의 '차이'를 가능케 하는 동력이 '반복'이다. 니체의 계보로 불리는 들뢰즈의 사상을 관통하는 핵심 키워드가 '차이와 반복'이기도 하다.

정말로 자신의 가치로 살고 있는가? 아니면 남들만큼이라도 살기 위해서, 남들이 하는 것들은 나도 해야 하며, 남들이 가진 것은 나도 가져야 한다는 조급함으로 살아가고 있는가? 지금의 절망은 자신에 대한 것인가? 아니면 '남들처럼' 되지 못한 자신에 대한 절망인가? 니체의 물음은 현대철학을 대변하는 키워드인 '타자'로 대신할 수 있다. 타자의 가치로 살 것이냐, 너 자신의 '차이'를 '반복'할 것이냐.

할 수 있는 것을 할 것이냐? 하고 싶은 것을 할 것이냐?

그러나 그에 앞서 있는 고민은, 본인이 정말 무엇을 좋아하는지를 모른다는 사실이다. 사회의 무의식으로 자라난 이들에게는 좋아하는 것에 대한 고민이 있어본 적도 없다. 세상이 제시하는 것들 이외에는 선택권이 없었고, 은연중에 특정 선택이 너의 행복을 위한 것이라고 강요받는, 돌잡이와 같은 구성과 구도에 익숙하기 때문이다. 그래서 그동안 간직해왔던 자아실현의 표상을 획득하고서도 도리어 자아정체성의 혼란을 겪어야 하는 모순이 이어진다.

내가 정말로 좋아하는 것이 무엇일까? 니체의 대답은 '놀이'다. 기꺼이 반복을 감내하는 정도가 아니라, 무한의 반복을 즐길 수 있는 '놀이'의 속성을 지닌 것들이 그 대상이다. 물론 놀이라고 한들 한결같은 재미가 유지되는 것도 아니다. 같은 패턴으로 반복되는 놀이에는 무료함을 느끼기 일쑤, 그러나 놀이에 빠진 사람은 결코 놀이를 포기하지 않는다. 조금 더 재미있게 놀기 위해 업그레이드 된 '차이'를 추구할 뿐이다. 이 서사에는 필연적으로 '각성'과 '배움'이 따르기 마련이다.

당장에 돈이 되지 않는다는 현실이 그것을 포기할 사유가 되지는 않는다. 다행히 그들 대부분은 될 때까지 하는 성향이다. 그 세월이 5년이든, 10년이든…. 그러나 돈에 연연하지 말라는 말 같지 않은 말을 니체는 사양한다. 마음 편히 놀기 위해서라도 돈은 필요한 수단이며, 가난토록 자기만족만 지속하는 것도 '차이'에 대한 각성과 반성이 부재한 경우다. 세상에서 가장 행복한 사람은 자신이 좋아하는 것으로 돈을 버는 사람일 것이다. 그들의 희소성이 유지되는 이유도 특별할 건 없다.

자신이 좋아하는 것에 도전하는 사람들이 있고, 사회적으로 통용되는 행복의 조건 속에서의 안락을 욕망하는 사람들도 있다. 또한 사회의 욕망을 자신의 욕망과 혼동하는 사람들도 있다. 착각으로나마 행복할 수 있다면 그도 괜찮은 방법일 것이다. 그러나 내가 정말로 이 일을 좋아하는 것일까에 대한 의심이 든다면, 적어도 내게서 무엇이 반복되고 있는지 정도는 돌아봐야 하지 않을까?

시간의 미적분

신을 조롱한 죄로 언덕위로 바위를 굴려 올리는 형벌을 수행하는 시지프. 정상에 다다른 바위는 아래로 굴러 떨어진다. 그는 다시 내려가 바위를 굴려 올린다. 카뮈는 신을 향한 시지프의 조롱을, 운명에 순응하지 않은 영웅의 면모로 그려낸다. 또한 영웅은 신이 내린 반복의 형벌을 순간순간의 자기 긍정으로 극복한다. 바위를 정상에 올려놓는 것을 삶의 성취감으로, 바위를 따라 내려가는 것을 수고한 자에게만 허락되는 휴식으로….

지구에서 달의 한 쪽 면만을 볼 수 있는 이유는 달의 공전과 자전 주기가 같기 때문이다. 하루하루가 비슷비슷하게 흘러가는 이유는, 세상의 속도와 박자에 맞춰 살아가고자 하는 우리의 리듬감 때문이다. 일탈과 변화를 두려워하는 마음은 기존의 방법만을 고수하고, 익히 알고 있는 길 위에서만 오가는 타성과 관성을 잇댄다. 삶이 무료해지는 이유는 차이가 없는 반복 때문이다. 그 결과, 자신에게 익숙한 것들만을 긍정하는 편협한 사유로 이어진다. 우리는 356일의 일 년을 살아간다고 생각하지만, 실상 365번이 반복되는 하루를 살아가고 있다. 굳이 어제와 오늘과 내일을 구분할 필요가 없는, 어떤 신도 내리지 않은 벌을 자처하며 살아가는 날들.

시지프가 감내해야 했던 극강의 형벌은 영원히 끝나지 않는 반복이며, 그것은 곧 인간의 삶에 대한 비유이기도 하다. 니체가 말하는 '영원회귀'의 요지는 '반복되기'보다는

'반복하기'를 원하라는 것이다. 억지로 떠밀려 마지못해서 하는 것이 아니라, '하고 싶다'라는 선택이었을 경우에만 가능한 '영원회귀'다. 기꺼이 반복하기를 갈망하는 '놀이'의 속성을 지닌 가치들, 그것을 욕망하라는 것이다.

> "너희들은 '영원회귀'를 '진부한 말'로 만들어버리고, 잘 알려져 있고 너무나 잘 알려진 정식(定式)으로 환원시켜 버렸다."
>
> — 『차라투스트라는 이렇게 말했다』, 3부 '쾌유하는 자'

니체는 '영원회귀' 개념이 윤회가 아님을 밝히고 있다. 들뢰즈의 해설에 따르면, 그것은 '선택하는 반복이며 구제하는 반복'이다.

『차라투스트라는 이렇게 말했다』에서 등장하는 악마는 이 고통스럽고 허무한 삶이 무한히 반복될 것이 말한다. 차라투스트라는 그런 것이 삶이라면 다시 살아주겠노라고 대답한다.

이 삶이 다시 한 번 반복된다면, 너는 그 반복을 기꺼이 긍정할 수 있겠는가? 다시 반복할 만한 가치의 삶을 살고 있는 지금인가? 니체의 영원회귀 개념은, 그런 삶의 태도로 매 순간을 대하고 있는가를 묻는 것이다. 다시 반복되어도 기꺼이 다시 살아줄 수 있는 '지금'을 살아가고 있는가에 대한, 반복을 가정한 1회성에 관한 질문과 대답이다.

들뢰즈는 미적분의 개념에 빗댄다. 지금을 살아가는 당신의 태도가 인생 전체의 방정식을 증명하는 순간값이며, 삶의 어느 순간에서도 그 미분값은 같을 것이다. 순간을 대하는 당신의 태도부터가 당신이 지닌 콘텐츠다. 인생의 그래프를 바꾸겠다면, 지금 내 곁을 스쳐 지나고 있는 순간을 바꾸어야 한다. 그리고 이것이 사주팔자의 원리이기도 하다.

미래는 현재 뒤에서 대기하고 있는 시간이 아니다. 지금의 시간을 짓이겨 다시 쌓아올려야 하는, 그 또한 현재다. 영원회귀 개념은 당신이 딛고 있는 순간의 성질을 묻고 있는 것이다. 어느 시제를 살아가던, 당신은 지금을 반복하고 있을 것이다. 내일은 내일의 태양이 떠오를 것이라 기대하지 마라! 오늘 지고 있는 태양도 돌아보지 않는 이에게 내일의 태양은, 내일 이 무렵에 세상 끝으로 사그라들 어제의 하늘일 뿐이다.

5.

그들 각자의
이데아

플라톤주의

"서양의 2000년 철학은 모두 플라톤의 각주에 불과하다."

화이트헤드가 한 강연에서 남긴 어록이 아직까지도 많은 인문학자들에게 회자되고 있을 정도로, 플라톤은 오랜 시간동안 서양철학이 지켜온 대전제였다. 적어도 니체의 철학이 재해석되기 이전까지, 서양철학의 주류는 '플라톤주의'라 불리는 사유방식이었다.

플라톤에 관한 이야기를 하기에 앞서, 먼저 살펴보아야 할 단어는 '관념(觀念)'이다. 우리가 일반적으로 생각하는 철학에 대한 이미지. 즉 난해한 개념들을 늘어놓고서, '다시 말해', '쉽게 말해'를 반복해도 도대체 뭐가 어떻다는 것인지 모를 일방적인 전개들이 대부분 관념에 관한 담론들이다. 철학적 화법으로 서술된 난해하고 지루한 풀이를 이해하려는 수고를 하지 않아도, 그저 우리가 익히 알고 있는 '관념'이란 단어 그대로 이해해도 무방한, 생각의 매질에 관한 생각이다. 플라톤의 철학, '다시 말해' 이데아와 현상계를 변별할 수 있는 정신능력이라는 이성(理性)의 토대가 바로 관념이다.

고양이의 종류는 셀 수 없이 많지만, 우리의 머릿속에는 '고양이'로 대표되는 특정 이미지가 있다. 그리고 인간은 그 고양이상을 가지고서 호랑이와 사자를 고양이과로 묶는다. 이 표준모델이 관념 속에 이미 존재하며 우리가 고양이의 형상을 지니고 있는 동물을 바라보는 순간, 그 싱크로율을 따짐으로써 그 동물이 고양이과에 속하는 종임을 알 수 있다는 것이 플라톤의 관념론이다. 사물의 본질을 사물에서 분리된 정신으로 파악했기에 흔히들 이원론이라 부른다.

표준모델의 이미지는 관념 속에 존재하는 것이 아니라, 고양이과 동물 스스로가 지니고 있는 형상이며, 감각은 호랑이와 사자의 개별성을 인지하고, 이성은 개별성들이 공유하고 있는 '고양이과'라는 공통분모를 이해한다는 주장이 아리스토텔레스의 유물론이다. 사물의 본질은 사물 자체가 소유하고 있는 것이란 주장이기에 흔히들 일원론이라 부르며, 아리스토텔레스가 물질과 현상에 보다 관심을 쏟았던 이유이기도 하다.

이 보편의 이미지로부터 진리의 속성을 추출해내어 관념의 도식으로 발전시킨 것이 이데아 이론이며, 학창시절에 배운 그 유명한 '동굴의 비유'의 전제다. 플라톤에 의하면 우리가 마주하는 현실세계는 우리의 감성이 투영된 왜곡을 다시 감각으로 인지하는 허상일 뿐이며, 절대적 진리는 오로지 관념 속에 이데아로 존재한다. 인간은 이데아를 지닌 채로 태어난다. 그러나 그것은 망각의 상태로 우리의 기억 속에 잠재되어 있다. 바람직한 인간의 삶이란 잊어버린 이데아를 끊임없이 상기해내야 하는 과정이다. 그 상기의 기능을 지닌 지력이 이성이다. 이런 단초로 인해 '플라톤의 각주'들의 포커스는 언제나 이성에 맞추어졌고, 신체와 감성의 영역은 저열한 가치로 폄하되어 왔던 철학사이기도 하다.

진리란 과연 무엇인가? 이 물음에 대한 대답은 이성에 합치하는 사유를 통해서만 가능하며, 플라톤은 이 과정을 철학이라고 생각했다. 비록 잊은 상태로 태어나지만 진리의 이데아를 이미 잠재하고 있는 인간이기에, 진리라는 명분을 무조건적으로 받아들이는 것이 아니라, 자신을 반성하고 깨우침으로써 진리의 방향으로 나아가는 방법론이다. 일방적으로 주입하는 것이 아닌, '반어(反語)'를 통한 '산파(産婆)'의 형식을 취한 소크라테스의 교육철학을 예로 들 수 있다. 가르침의 대상에게 끊임없이 질문을 던짐으로써, 스스로 깨달을 수 있게 하는 교육법이다.

보편과 이성

"악법도 법이다."

저서를 남기지 않은 소크라테스의 어록은 대부분 플라톤의 필법으로 전해지고 있다. 그러나 소크라테스의 표상으로 여겨지는 이 어록은 플라톤이 남긴 기록 어디에도 없다고 한다. 그렇기에 소크라테스의 도덕률을 설명하는 사례로는 적절치 않다. 오히려 그 반대의 경우일 수 있다. 다수가 진리로 받아들이기만 한다면 악법도 '법'일 수 있는가? 물론 그렇지 않으며, 소크라테스 역시 그 악법을 기꺼이 수용한 건 아니다.

"의견을 갖고자 한다면 먼저 다수가 되어야 한다."

키에르케고르가 당대 기독교 사회의 부조리를 지적한 반어적 표현이다. '실존'의 개념을 개인적 신앙으로 설파했던 키에르케고르는, 아이러니하게도 소크라테스가 추구한 '보편'과 같은 기점을 딛고 있다. 소크라테스가 사형을 언도 받은 이유는, 신을 숭배하지 않았고 아테네의 젊은이를 타락시켰다는 죄명이다. 펠로폰네소스 전쟁의 참패로 치욕을 맛본 선진 문명의 도시, 그 어수선함을 틈타 가짜 진리들이 횡행하고 있는 현실이 소크라테스가 진단한 당대의 아테네였다. 소크라테스에게 진리란 다수의 가치가 아닌, 이성적으로 모순이 없는 진실이어야 했다.

소크라테스에게 감화를 받은 많은 젊은이들은, 권위만을 앞세우는 기성들의 부조리를 소크라테스의 논조로 비판한다. 당신들이 정말로 진리를 알고 있다고 생각하는가? 적어도 우리는 우리가 모르고 있다는 사실을 알고 있다. 당신들은 당신 자신부터 알아야 한다. 당대 아테네의 기득권들이 이런 진보적 풍토를 달가워할 리 없었다. 도리어 소크라테스를 어수선한 사회 분위기의 원인으로 몰아간다.

존경해마지 않던 스승의 죽음을 목도한 29살의 플라톤

에게, 어리석은 대중들에 모여 민주정치를 논하던 아고라 (agora)는 현자의 무덤일 수밖에 없었다. 플라톤의 이상향은 다수의 의견이 아닌 이성의 힘으로 도달할 수 있는 진리의 지점이었다. 때문에 우매한 군중의 민주주의보다는 현자의 독재를 지지했던, 다소 모순적인 보편의 개념이 논리적일 수 있었다.

소크라테스와 플라톤에게 보편의 진리를 구현하기 위해 필요한 집단은 대중이 아니라 전문가들이다. 운동선수는 대중이 아닌 코치의 지도를 받는다는 비유처럼, 충분한 이해력을 구비한 사람들의 견해가 곧 진리에 가까운 보편이라는 주장이다.

그러나 제기할 수는 문제점은 과연 소수 전문가들의 생각이 보편적 진리일 수 있느냐, 그리고 그들이 이성적이라는 판단을 누가 하느냐이다. 또한 그 보편의 명분이 과연 누구의 기준에서 보편인가를 먼저 물어야 한다. 그토록 불변의 진리를 강조했던 소크라테스도 당대의 노예제도는 보편적인 것으로 간주했으며, 당대 지식인들 사이에서 횡행했던 미소년과의 동성애 코드는 향유했다. 정의를 위한다는 법 자체가 결코 보편적 진리가 아니라는 경우에 걸려든 소크라테스 자신이, 보편이란 개념의 상대성을 증명한 셈이기도 하다. 이데아의 기치 역시 받아들이는 입장에 따라 충분히 '악법'일 수도 있으며, 훗날 니체주의라 불리는 사유방식에게 끊임없는 비판을 당해오고 있는 단초이기도 하다.

보편이라는 명분은 동일성을 강요하기 마련이다. 대세이기에 따르고, 유행이기에 따르기도 하는 보편성이기도 하니 말이다. 니체가 바라본 이 '우월적 평균치'는, 각자의 개별성에서 '차이'를 덜어내고 획일성을 주입하는 전체주의 이념과 다를 바가 없었다. 니체가 표방한 '관점주의'는, 우리가 보편적이라고 간주하는 가치체계가 과연 보편의 자격을 갖추고 있는지에 대해 되돌아보자는 취지이지, 보편을 도외시한 의도는 아니었다.

미메시스

플라톤에게는 인간의 감각으로 감지되는 현실 세계는 이데아의 모사물일 뿐이며, 이성적 사고로 그 주관적 왜곡을 극복해야 하는 허상에 불과하다. 그런데 이 현실계에는 현실을 다시 복제한 또 하나의 모사품이 존재한다. 이데아의 입장에서는 복제의 복제 개념이 되는…. 우리에게 던져진 삶도 그 자체로 복제인데, 그 현실을 다시 복제한 것이라면, 플라톤에겐 더 논할 가치가 없는 것들이다. 현실을 복제했다니? 이게 도대체 무슨 말인가 싶겠지만 다시 고양이로 돌아가서 설명해보자면, 현실의 고양이를 모방해 고양이 조각을 만들거나, 고양이 그림을 그리거나, 더 나아가 '장화 신은 고양이'라는 캐릭터를 창출하고 뮤지컬 '캣츠'를 제작하는 경우처럼, 감성으로 자아내는 문학과 예술 분야를 일컫는다.

플라톤은 감정의 고삐를 풀어 이성적 자제력을 와해시키며 인간 본성의 저급한 부분에 호소한 타락적 행위라는 명분으로 예술의 가치를 절하한다. '문학검열제'와 '시인 추방론'을 주장했을 만큼, 특히나 시인들에게 적대적이었다. 플라톤에게 인정되는 예술적 가치란 보편적 진리를 담아내고 있는 것이어야 했다. 이성적 논리에 충실한 것들, 어떤 식으로든 도덕적으로 유익해야 하는 것들에게만 예술의 자격이 부여될 수 있었다. 이런 연유로 니체는 '이솝 우화'를 비교 사례로 들며, 소크라테스와 플라톤을 권선징악의 선구자로 지목한다. 여기서 '소크라테스적'이란 미학 개념이 파생하는데, 물론 좋은 의도는 아니다.

그에 비해 아리스토텔레스에게서는 현실이 이데아의 모사품도 아닐 뿐더러, 예술은 현실을 단순히 모방한 것이 아니라 현실을 세심히 관찰한 정신의 반영이다. 재료를 형상이게끔 할 수 있는 목적적 동력, 즉 신의 속성으로 발휘되는 기술이라는 점에서 예술은 고도의 정신력이 빚어내는 결과물이다.

모든 인간은 본래부터 앎을 추구하며, 태어나는 그 순간부터 모방을 통해 지식을 습득하게 된다. 지식의 가장 중요한 매개체인 언어부터가 부모의 음성을 모방하면서 학습되는 체계이지 않던가. 따라서 모방은 저급한 것이 아니라 자연스러운 것이다. '모방된 것'으로부터 느껴지는 쾌감 역시 지극히 본능적인 것이다. 아리스토텔레스에게는 주어진 것에 대한 철학적 탐구만큼이나, 만들어진 것에 대한 미적 탐구 역시 의미 있는 작업이었다.

아리스토텔레스의 대표적인 문예비평서인 『시학(詩學)』은 우리가 일반적으로 생각하는 서정시의 범주만을 다룬 이론이 아니다. 신화를 모티브로 한 판타지 소설을 '대서사시'라고 표현하는 경우가 있듯, 그 시절의 시 장르는 무대 상연을 전제로 하는 종합예술적 성격의 것들을 포괄한다. 따라서 오늘날의 상식에서는 연극 이론에 가깝게 느껴진다. 미메시스(mimesis)는 원래 '~되기'의 의미란다. 배우는 그 어떤 존재로도 될 수 있다.

아리스토텔레스는 '소크라테스적' 도덕률에서 비껴서 있는 '비극'의 효용성을 논하면서, 우리가 익히 들어 알고 있는 페이소스(pathos)와 카타르시스(catharsis) 같은 정서적 가치들을 재해석한다. 훗날 니체가 자신의 첫 저작 『비극의 탄생』에서 '디오니소스적'이라고 명명한 미학적 정의에 선구인 셈이다. 그리스인들의 예술적 토대는 원래 비극이었다. 그러나 소크라테스의 도덕적 가치관이 성행한 이후에는 어떻게든 해피엔딩으로 끝나야 하는 교훈적 결말이 필요했다. 그 부작용이 '데우스 엑스 마키나(deus ex machina)'였다.

원래는 권선징악의 스토리로 완결하기 위해서, 신의 강림이라는 대단원을 설정한 형식이었다. 문제는 비극적으로 흘러가는 서사를 극작가 자신도 감당할 방법이 없다 싶을 때면, 갑작스럽고도 억지스런 우연을 끌어들여 관객을 설득하려 드는 경우가 너무 많았다는 점이다. 느닷없이, 난데없이, 어이없이 나타난 전지전능한 끝판왕이 밑도 끝도 없이 서사를 구원하는 '기승전神'의 포맷으로 변질된다. 소크라테스적 결말에 대한 강박이 문학계의 질적 저하로 이어졌던 것.

아리스토텔레스의 카타르시스 개념은 비극의 효용을 생리학적으로 해명한다. 차라리 과잉의 감정을 분출시켜 비위내는 정화의 기능이다. 또한 비극을 감상하면서 삶의 불예측성이 가져다주는 비극에 대한 내성을 기를 수 있었다. 아리스토텔레스는 '이미 발생한 일을 묘사하는 데 있지 않고, 가능성과 필연성에 따라 발생할 수도 있는 일을 묘사하는 데 있다'라고 말한다.

니체는 비극을 비극 자체로 감상하지 못하는 소크라테스적 도덕주의를 비판한다. '그 이후로 왕자와 공주는 오래오래 행복하게 살았답니다'의 결말과 별반 다르지 않은, 필연적 긍정에로의 집착. 그러나 우리네 삶은 그다지 필연적이지도 논리적이지도 않다.

소크라테스적 도덕주의를 비판한 니체의 궁극적인 목적은, 그들이 말하는 보편적 도덕의 속성이 결국엔 질서의 명분을 선점한 가치들로 획일화시키는 상징적 폭력일 수도 있다는 사실에 대한 지적이다. 그것은 예술이 아니라 이데올로기에 지나지 않는다. 플라톤주의의 대척점인 니체주의의 시작이 비극의 예술적 가치를 논한 문예비평서라는 점에서, 아리스토텔레스의 미메시스는 이미 오래 전에 현대철학으로 던져진 복음이라고도 할 수 있겠다.

시뮬라크르

《매트릭스》를 통해 유명세를 치르기도 했던 '시뮬라크르(simulacre)'는, 영어로 말하자면 시뮬레이션(simulation)의 동사형이다. 세계대전 전후로 현대철학의 중심이 프랑스로 옮겨지기 때문에 현대철학의 키워드는 대부분 프랑스어 발음으로 통용된다.

보드리야르에 의해 특화된 개념이지만, 유래는 플라톤까지 거슬러 올라간다. 앞서도 언급했지만, 우리가 살고 있는 현상계는 이데아의 모사품에 불과하다. 우리의 감각이 보고 듣는 현실은 감각으로 왜곡되는 허상에 지나지 않다. 그저 환영에 불과한 현실 세계, 그 허상을 다시 복제한 것이 시뮬라크르의 개념이다.

시뮬라크르는 따로 원본이 존재하지 않아도 상관없는 가상의 범주를 아우른다. 가령 상상의 동물을 그려 넣은 사신도(四神圖)처럼, 원본이 되는 현상계의 대상을 제시할 수 없는 경우를 포괄한다. 플라톤 입장에서는 상당히 부정적일 수밖에 없었던 개념이었고, 인문학사에서 자신의 키워드로 점한 보드리야르도 다소 부정적 입장으로 기우는 면이 있다.

한 사찰의 벽에 소나무를 그렸더니, 진짜 소나무인 줄 알고 날아든 새들이 벽에 부딪혀 죽었다는 솔거의 일화. 플라톤의 논리대로라면 소나무는 이데아의 복제물이다. 그렇다면 소나무의 그림은 이데아를 복제한 것을 다시 복제한 시뮬라크르다. 플라톤이 지적하는 예술의 폐해는, 너무도 진짜 같은 2차 복제물들의 기만이다. 솔거의 일화로 설명하자면, 소나무 그림으로 날아든 새들은 우매한 대중의 입장인 셈이다.

플라톤의 냉철함은, 가상 세계로의 몰입이 과연 진정한 삶에 대한 이해일 수 있느냐를 묻고 있는, 나름 일리 있는 항변이다. 진리도 잘 이해하지 못하는 이들이 만들어 낸 무익한 가상에 심취한 민중들이 과잉의 감정으로 인생을 낭비하고 있다는 논리가, 당대 예술의 최고 지위의 점하고 있던 시인들을 추방하자는 주장으로 이어졌던 것.

그러나 「마지막 잎새」에서 노화가의 고결한 희생으로 그려진 담쟁이덩굴의 마지막 한 잎은, 누군가에게 삶의 희망이 되어준 경우이지 않던가. 나뭇잎 그림은 이데아의 복제의 복제이다. 그런데 이는 소설 속에 나오는 나뭇잎이다. 복제의 복제의 복제인 셈. 복제물들의 결과가 부정적인 것만은 아니다. 삶의 모사품을 만들어 향유하는 것은 인간의 본능적 욕구이며, 그 복제물들로 인간은 삶을 이해하기도 위로하기도 한다.

들뢰즈 철학에서 시뮬라크르가 거론되는 이유는, 원본과 복제 그리고 이데아와 현실이라는 명분으로 지식의 위계를 나누는 권위와 체계를 해체하기 위함이며, 이는 '권력적 지식'에 얽매이지 않는 현대 예술이 지향하는 바이기도 하다. 현대 예술이 실제로 그 기치에 부합하느냐는 또 다른 문제이지만….

미학에 익숙한 이들은 르네 마그리트의 파이프 그림 혹은 앤디 워홀의 마릴린 먼로 그림을 먼저 떠올릴 것이고, 문화평론가들이라면 가상 세계와 복제인간에 관한 영화들부터 떠올리겠지만, 철학의 범주에서는 개별적 '차이'로 뻗어 나아가는 해석에 관한 이야기다. 원본의 지위는 그다지 중요하지 않고 절대적인 모범이란 건 없다.

현상을 인식함에 있어 개인적 감각을 배제할 수 없고 각자의 경험을 투영하기 마련이다. 고로 우리는 이데아적 시선을 지닐 수 있는 존재들이 아니다. 이성적 사고라는 것도 실상 우리가 살아가는 현상계의 시간을 전제한 사안이지, 결코 객관의 범주일 수 없다. 그저 개개인의 인식 조건을 전제로 한 해석만이 존재할 따름이다. 해석자의 관점에 따라 해석은 늘 달라진다.

같은 감각 기관에 와 닿은 동일한 사건도 저마다의 인식 체계로 해석이 된다. 각자의 편차를 배제한 접점들을 연결한 대강을 우리는 보편이라고 일컫는다. 그리고 우리 대부분은 태어나면서부터 보편으로 인정된 가치들을 자신의 생활양식으로 '복제'를 하게 된다. 사회학에서는 이것을 사회화라고 부른다. 혼자서만은 살아갈 수 없는 인'간'이다 보니 꼭 필요한 과정임에는 분명하다. 그러나 문제는 굳이 복제가 필요 없는 영역에서도 복제를 강요하는 일이 비일비재하다는 점이다. 도덕 그 자체도 누구의 기준으로 설정된 보편인가에 대한 부당함을 물을 수 있건만, 도덕을 넘어선 영역에까지 보편의 복제를 강요하는 경우들. 대표적인 사례가 왼손잡이다. 요즘이야 우뇌의 발달이란 명분으로 구원이 되었지만, 꽤 오랜 세월동안은 방향에도 부도덕이 존재했었다.

나의 시선이 진실일 수는 없다. 그렇다고 다수의 시선이 반드시 진실인 것도 아니다. 어차피 이럴진대, 주관적 관점이 오류적 가상일 수 있어도 차라리 하나의 해석일 수 있다는 것이 현대철학의 입장이다. 그러나 '관점'과 '차이'만큼이나 이기적으로 해석되는 키워드도 없지 않던가. 타인

을 그저 나와 다른 '차이'로 인정을 하고 존중을 하면 그만
인 것을, 타인에게서 자신의 '관점'만을 존중받고자 한다.

물론 보편의 가치는 분명 중요한 문제이며, 또한 그것으
로부터 '상식'이 결정이 되기도 한다. 그래서 관점들의 소
통이 필요한 것이다. 루소의 사회계약설에서 언급되는 '일
반의지'도 그런 결과물이다. 그러나 타인에 대한 존중이 없
는 사회에는 억지의 제스처와 강요의 언어만이 나뒹굴 뿐
이다.

전체주의와 이기주의

생체권력

영화 《이퀼리브리엄》에서, '감정 말살'이라는 이데올로기에 빠져 있는 이들은 배제의 수호자를 자처한다. 쓸모없다 못해 있어서는 안 될 가치들, 그것에 의해 벌어질 부작용들을 애초에 차단하려 한다.

크리스찬 베일의 스타일리쉬한 건카타 액션이 눈길을 끌었던 이 영화는, 조지 오웰의 『1984』와 올더스 헉슬리의 『멋진 신세계』를 떠올리게 한다. 마르크스는 인위적인 것을 자연스러운 것으로 받아들이는 모든 현상을 이데올로기로 진단한다. 이데올로기에 세뇌당한 것이 아닌 자발적으로 참여하고 있다는 착각이 빚어내는 도덕적 표상, 《이퀼리브리엄》에서는 감정 말살 정책의 선봉에 서 있는 정예의 특수요원들이 지닌 자긍심으로 대변된다. 사회의 안녕과 질서를 유지하는 파수꾼들에겐, 이데올로기에서 벗어난 가치들은 그저 지워내야 할 것들이다. 그 중 하나가 예술이다.

플라톤 이래로 신체와 감각은 진리의 세계를 왜곡한다는 원죄의 굴레를 짊어지고 있었다. 그러나 플라톤의 신념이 어떠했든 간에 변하지 않는 사실은, 신체가 우리의 사고에 지대한 영향을 미치는 또 하나의 영혼이라는 점이다. 그런 자연스러움을 억압하면서까지 인간의 정신을 통제하려 했던 권력은 신체부터 통제해들어 간다. 사회는 개개인의 행위를 감시하며, 개개인은 자기 검열에 길들여져 있다.

영화는 미술 작품들을 불태우는 상징적 행위로 시작된다. 욕망의 근원을 제거해야 이 세상이 평화로울 수 있다는 논리가 포커스를 맞추고 있는 영역은 감성이다. 인류의 행복을 위해 정작 행복의 매질인 감성을 억압한다는 모순과, 평화를 위해 반대세력은 모두 몰살한다는 역설 사이로 폭력이 난무한다.

요원들 중에서도 혁혁한 공적을 자랑하는 크리스찬 베일의 차별성은 남다른 직관력이다. 타인의 마음을 읽어낼 수 있는 공감능력이 이성의 소산만은 아닐 터, 남들보다 예민한 감수성을 지니고 있던 그는 실수로 한 회분의 감정조절제를 투약하지 않는다. 그 일을 계기로 세상의 다른 면모를 느껴버리게 된다. 도시를 비추는 찬란한 햇살, 창가에 흘러내리는 쓸쓸한 빗물, 그 전에도 없었던 것이 아니건만 그에게는 비로소 '나타난 것'이다.

변화의 시작을 알리는 행위는 사무실 책상에 놓여 있던 물건들의 배치를 바꿔보는 것이었다. 모든 동료들의 책상에 똑같은 배치로 놓여져, 획일화의 풍경을 완성하고 있던 사물들. 그전까지는 관심을 갖지 않았던, 이전과의 '차이'가 더 흡족하다는 사실을 깨닫고 배치를 계속해서 이리저리 바꾸어 보는 '반복'. 이후로도 계속 감정조절제를 투약하지 않는, 이전과 다른 '차이'가 '반복'되면서 미학의 존재 의미에 대해 다시 생각하기 시작한다.

장갑을 벗고 맨손으로 세상을 느껴본다. 콘크리트의 거친 감촉, 손에 와 닿은 햇살, 강아지를 쓰다듬으며 나눈 교감. 모든 감각이 열린 그에게 여인의 향수가 풍겨오고, 베토벤의 음악이 들려온다. 그리고 감정을 느끼는 자들을 아무런 감정 없이 죽이던 그가, 누군가의 죽음 앞에서 처절한 슬픔으로 무너진다.

누구보다 철저했던 이데올로기를 배신하게 되는 첫 번째 사건 또한, 감정을 느끼는 반군들에게서 반려동물로 키워지고 있던 한 마리의 강아지를 살리기 위함이었다. 잊어버리고 잃어버렸던 사랑과 연민의 감정을 회복하는 순간, 행복과 불행이 동시에 찾아온다. 그러나 크리스찬 베일이 만난 반군 세력이 견지하는 행복과 불행의 방향성은 같았다. 사랑하지 않았던들 상처받지 않으리라. 그 상처를 미연에 방지하겠노라 사랑 자체를 거부하는 조치가 행복을 보장할 수 있을까? 그렇다면 차라리 불행을 감내하겠다는, 니체적 결론이었다.

이기적 집단주의

아도르노의 '부정변증법'은, 말 그대로 헤겔의 변증법에 대한 부정적 변주다. 헤겔의 철학서사는 반성의 과정(反)을 걸쳐 도달한 최종의 자리(合)에 진리가 존재한다는 결론이지만, 이 논리적 전개가 지니고 있는 맹점은 진리로 정당화되는 귀결처가 때로 다수의 헤게모니라는 사실이다. 예를 들자면, 오른손잡이가 '정상'으로 인식되는 사회에서 왼손잡이가 자신의 '비정상'적인 천성을 반성하고 정상이 되는 노력을 기울여야 하는 게 상식으로 간주되던 시절도 있지 않았던가.

이런 현상은 동일자적 평균에서 벗어나는 것들에 대한 소외와 배제를 낳기 마련이다. 소외와 배제를 유발하는 진리가 어찌 진리일 수 있겠는가. 때문에 아도르노는 변증법이 진리의 자리로 규정한 곳에 놓인 진리의 속성을 부정한 것이다. 그 진리의 자리라는 명분으로부터 발생하는 소외와 배제를 보듬는 노력이야말로 진정한 진리일 수 있다.

아도르노는 파쇼의 원인을 독일에서 절정으로 피어난 관념철학에서 찾아내기에 이른다. 19세기까지 철학의 중심이었던 독일이 추구한 이성의 정반합은 게르만족 내에서만 순환하며 유대인이라는 소외와 배제를 낳았다. 결국 '전체'의 기치로 다양성의 가치를 매몰시키는 담론으로부터 파쇼가 잉태된 것이다.

흔히들 극강의 개인주의가 이기주의가 되고, 집단주의가 극단으로 치달은 결과가 전체주의라고 생각하지만, 레비나스는 조금 다른 분석을 내놓는다. 독일의 파시즘과 관련해 그가 내린 결론은, 남들도 나와 같은 생각일 것이라는 자의적 동일성의 전제하에서, 자아는 '전체'의 일부가 된다. 결국 전체주의는 유아론(維我論)과 다를 게 없는 역설이다. 파시즘은 모두를 위한 공동선이라기보단 이기심으로 점철된 각자의 욕망들이 함께 공유했던 창구에 지나지 않았다. 이기적 전체는 '보편'을 자처하며 그 보편의 기준에서 어긋난 모든 것을 배제한다.

지역을 대표하는 인사가 더 큰 권력을 지니길 바라는 지역주민들의 마음은, 지역이기주의에 앞서 개인적인 이기주의의 결과이기도 하다. 지역 출신 인사가 지역의 발전을 가져다 줄 것이라고 믿고 있다. 자신이 딛고 있는 지역이 발전하면 자신의 삶이 윤택해질 거라고 믿고 있다. 비극은 그렇게 뽑힌 대표들 대다수에게는 중앙 정계에서 자신의 입지를 다지는 게 보다 시급한 사안이란 사실이다. 전체화된 이기심을 이용할 뿐이다. 진영논리는 왜 생겨나는 것일까? 그들은 정말 같은 신념으로 뭉쳐 있는 공동운명체일까? 단지 저들에 반대한다는 방향성만 공유할 뿐, 정작 서로 다른 마음으로 각자의 길을 걸어가고 있는 것은 아닐까?

정의론에서 자주 인용되는 비유 하나, 핵폭탄을 싣고 달리고 있는 기차가 있다. 그 기차는 많은 인구가 모여 살고 있는 메트로폴리스를 향해 가고 있다. 도시로 진입하기 전에 철로의 방향을 바꿀 기회가 있다. 바뀐 철로에는 하루에 기차가 단 두 번밖에 서지 않는 간이역이 기다리고 있다. 간이역에는 단 한 명의 철도청 직원이 근무하고 있다. 자! 어떤 선택이 더 합리적일까?

당신이 메트로폴리스와 아무런 관련이 없는 입장이라면 철로의 방향을 바꾸는 것이 낫다고 판단할 것이다. 그러나 만약에 그 철도청 직원이 당신의 아버지라면 어떨까? 결코 죽을 운명이 아니었지만, 집단의 논리에 자신의 아버지는 부당한 죽음을 맞이해야 한다. 이 부당함의 호소는 개인주의일까? 그렇다면 메트로폴리스에 대한 구원은 공공의 논리일까? 그 조차도 나와 관계된 무엇으로 판단되는 개인주의는 아닐까? 더군다나 기차를 타고 있는 승객들은 이미 죽고 사는 문제로부터 논외가 되어 있다.

직간접적으로 나랑 관련 없는 일들에 대해선 충분히 이성적인 태도를 취할 수 있다. 그 태도가 정말로 이성적인 것인지에 대한 평가는 차치하고서라도 말이다. 개인적인 의견이 아닌 다수에 기반한 상식이라는, 특정 다수의 방어막 뒤로 숨는 무정함이기도 하다. 키에르케고르의 말을 빌리자면, '대중'과 같은 무정형의 추상들과 자신을 동일시함으로써, 자신들의 말과 생각에 대한 개인적인 책임을 회피하는 전체주의적 이기심이다. '다수의 생각'이라는 망상적 보편에 사로잡힌 서로가 서로에게 기대어 있는 이기주의이기도 하다.

1차 대전의 패배와 뒤이은 경제대공황 앞에서의 절망을 마주한 독일 국민들은, 히틀러를 독일의 희망으로 간주하며 나치를 제1당의 반열에 올려놓는다. 들뢰즈가 지적하길, 파시즘은 독일 대중들이 원했던 것이고, 설명해야 할 것은 이데올로기가 아닌 '욕망의 도착(倒錯)'이다. 아도르노는 무엇이 나치즘을 탄생시킨 것인가에 대해 물었고, 그 대답을 서양철학이 쌓아올린 관념론의 내부에 존재하는 이성의 폭력성에서 찾아냈다.

인간을 자연의 한 표현으로 생각했던 동양과 달리, 자연을 인간이 극복해야 대상으로 규정한 서양의 역사였다. 신의 모습으로 창조되었다는 명분으로, 자연을 인간의 이성 아래 두었던 합리의 역사는 헤겔에서 정점을 찍는다. 그는 국가라는 이성으로부터 개인의 자연성을 소외시키기에 이른다. 헤겔에게는 개개인의 욕구가 가장 보편적으로 지양된 합의점이 국가라는 기구였지만, 자신의 의도와는 다르게 다수를 위한 개인의 희생을 정당화할 수 있는 여지를 제공한 철학이기도 했다. 이 '국가'가 무솔리니에 의해 재해석되면서, 그 병리적 이데올로기가 히틀러에게 영향을 미친다.

철학사의 거점으로서 당위성과 매력을 지니고 있는 헤겔의 철학이지만 후학들에게 두고두고 욕을 먹는 이유는, '절대'라는 명분으로 전체의 체계에서 개인들의 관점을 소외시키는 전체주의의 명분이 되어주었다는 사실이다. 이는 개개인의 '관점'을 중시하는 니체주의자들이 거부하는 사유방식이다.

히틀러를 준비하고 있었다는 점에서, 조국에 대한 니체의 지적은 틀리지 않았던 셈이다. 히틀러라는 악마의 꼬드김, 그러나 그 꼬드김에 넘어간 어리석음도 면죄부의 자격은 아니다. 히틀러는 당시 독일의 원인이 아니라 '증상'이었던 것뿐이다. 독일은 히틀러에게 모든 책임을 전가하지 않았다. 그를 떠받들었던 자신들의 광기부터 반성한다.

독일 지성들은 '광기'에 사로 잡혔던 이유를, 선진을 표방하며 외국으로 수출까지 하던 주입식 교육에서 찾아냈다. 이성적 사고력을 가르친다고 말했지만 실상 획일적인 도식과 체계를 강요했을 뿐, 정작 생각하는 법을 가르치지 않고 있었던 것이다. 독일은 교육부터 갈아엎는다. 그런데 이도 68혁명 이후의 일이고, 약소국에 대한 사과에는 여전히 애매한 제스처를 취하고 있다.

전체주의의 기원

독일국민들의 광기를 분석한 여러 견해들이 있지만, 아렌트는 일종의 종교 현상에 빗대고 있다.

독일은 1차 대전의 패전국이었고, 러시아는 전통적으로 유럽에서 소외된 유럽으로 경제적 기반도 낙후된 실정이었다. 더군다나 다른 열강들보다 후발주자인 탓에 마땅히 점할 식민지도 없었다. 따라서 내부 결속의 '운동'적 성격으로 번져나간다.

다른 제국주의 열강들과 달리, 히틀러와 스탈린에겐 그런 경제적 이유가 크진 않았다. 지도층들의 권력을 위해서, 정치공학으로서의 민족주의로 대중들을 선동했다. 한창 유럽에서의 좌절감 혹은 열등감을 겪고 있기도 했던 국민들에게 이런 왜곡된 민족주의가 먹힌다. 이런 면이 제국주의와 구분되는 전체주의의 속성이라는 것.

유럽에서 민족주의를 대표하는 민족은 유대인들이었다. 국가 단위가 아닌 민족 단위로 그 정체성을 유지할 수 있던 그들의 선민의식을 짓밟음으로써, 자신들이야 말로 선택된 민족이란 연대의 자긍심을 고취시키려 했다.

무솔리니와 히틀러는 정권의 찬탈자가 아니라 국민들

이 뽑은 대표였다. 나치(Nazi)는 'Nationalsozialistische'의 준말, 히틀러도 처음엔 사회주의자였다. 무솔리니도 정치 철학도 사회주의로부터 출발했다. 국제주의와 민족주의라는 표방의 차이가 있었으나 사회주의와 파시즘의 정치적 성향은 비슷했다. 단 파시스트들은 자본가들에게도 열려 있었다. 자본가들 입장에선 사회주의에 재산을 몰수당하느니 파쇼 정권에 협력하는 것이 나은 선택지였다.

무솔리니의 '쇼맨십'은 '민중 속으로'의 기치였고, 대중들은 그를 지지했다. 자주 웃통을 벗은 채 농부들의 일을 돕는 이미지 연출에 히틀러부터가 그의 팬이 되었다. 무솔리니도 아직은 풋내기였던 히틀러에게 무척이나 호의적이었다.

독재자들의 심리는 '나를 추앙해 줘!'란다. 그리고 그를 중심으로 '우리'가 되는 지지자들은 그의 권력을 함께 누린다는 환상 속에서 결속을 다진다. 때문에 아렌트는 종교적 현상에 빗대고 있다. 지금 시대에도 일부 지지자들에게서 보이는 충성도가 그런 심리이기도 하다. 당과 자신을 동격화하며, 당에서 부여한 권력을 지녔기라도 한 듯 말하고 행동하는 이들도 있으니 말이다.

현대 정치의 시작을 무솔리니로 보는 견해도 있다. 일부

정치평론가들은 그의 '대중성'을 나쁘게만 볼 건 아니라고 평한다. 무솔리니는 교사, 편집장 출신이었다. 그만큼 풍부한 인문적 소양을 지녔었지만, 그보다는 책으로 배울 수 없는 체험적 인문을 중시했다. 이탈리아는 무솔리니 집권 때 비약적인 경제성장을 이루어낸다. '난 놈'이긴 했다. 그 역량을 잘 쓰면 되는 일이거늘, 히틀러도 무솔리니도 실상 대중들에게 관심이 있었던 건 아니다. 자신의 권력을 위해 대중을 필요로 한 나르시스트였다. '마오주의'라는 변별된 카테고리로 지지자들에게 추앙받던, '민중 속으로'의 아이콘이었던 마오쩌둥도 별 다르지 않았다. 결국엔 권력욕으로 타락한다.

지금의 시대에 다시 '추앙'이란 단어가 부상했다. 히틀러가 청중을 압도하는 분위기의 웅변이었다면 무솔리니의 연설문은 꽤나 논리적이었단다. 대중을 움직이는 힘은 감동적이거나 논리적이거나이다. 단, 정의롭게 써야 그 말로가 저들과 같지 않을 터. 파스칼의 말마따나, 정당한 것이 강해지거나, 강한 것이 정당해져야 한다.

미싱은 잘도 도네 돌아가네.

양계장 커넥션

양계장을 지배하는 이데올로기에 관한 장정일 작가의 단상. 꺼질 줄 모르는 형광등 아래서 밤인지 낮인지도 모른 채, 닭들은 오늘도 열심히 알만 낳는다. 왜 이러고 사는 것일까라는 질문에 대한 대답은, 서로의 곁에서 알만 낳고 있는 서로이다. 우리에게 주어진 삶의 시간은 원래부터 그렇게 정해져 있다는 듯, 서로를 설득하며 해명하며 알만 낳는다.

마르크스가 지적하는 구조와 소외의 문제에 빗댈 수 있을까? 구조의 이념에 그저 하나의 부품으로 참여하는 개인들에게 자각 따위는 필요 없다. 그 시간에 알을 낳아야 백숙이 되지 않을 판이다. 알이 먼저냐 닭이 먼저냐와 같은,

닭의 입장에서는 무엇이 답이어도 하등 상관없는 철학은 필요 없다. 글로 머문 글러먹은 철학, 행동하지 않는 철학, 마르크스의 입장에선 그 모두가 민중의 삶에 대한 외면이며 현실로부터의 도피일 뿐이다. 닭들에겐 왜 자신이 한 곳에 갇혀 알만 낳고 있어야 하는지가 궁금할 뿐, 알에 관한 순수이성비판에 대해 알고 싶은 게 아니다.

육계의 일생을 보여주는 시사프로를 시청한 적이 있다. 우리는 실상 닭이라기 보단 한 달 정도 자란 병아리를 소비하고 있는 셈이다. '일생'이라고 표현하기도 짧은 시간 동안 비좁은 농장에서 '고기'로 자라난다. 그런 것 보면 인간이 참 잔인한 족속이다. '옳거니 하면서 물고 간' 닭장 밖의 배고픈 여우의 먹이사슬은 차라리 동화적이다. 닭들은 저 자신이 무엇인가에 대한 의문으로 주위를 둘러보지만, 모르고 있긴 다른 닭들도 마찬가지다. 다 같이 모르고 있다는 것, 그저 그것이 그들에게 주어지는 대답일 뿐이다.

그러던 어느 날 양계장 문이 열리고, 닭들은 밖의 세계로 나아간다. 양계장이 세계의 전부가 아니었음을, 양계장 밖에 또 다른 세계가 있었다는 사실을 이제야 깨닫는다. 닭장차에 실린 그들은, 튀김닭으로서 다시 태어나게 될 죽음의 순간으로 실려 간다.

잉여가치

手把金剪刀(수파금전도) 손은 가위를 잡았어도
夜寒十指直(야한십지직) 밤이 추워 열 손 가락이 굳었네
爲人作嫁衣(위인작가의) 남을 위해 예복을 만들면서도
年年還獨宿(년년환독숙) 해마다 다시 독수공방이네

 여류문인으로서의 문학사적 위상보다는, 허균의 누이라
는 가족사로 더 잘 알려진 허난설헌의 「빈녀음(貧女吟)」이라
는 시다. 세태를 풍자하고 사회를 비판하는 한시에 자주 등
장하는 '잠녀(蠶女)'라는 개념이 있다. 누에를 치고 명주실
을 만들어내면서도 정작 자신은 비단옷을 입을 일이 없는,
극빈의 프롤레타리아를 상징하는 단어다. 남을 위해 결혼
예복을 만들면서도, 정작 자신은 결혼을 엄두도 내보지 못
하는 경제력. 일찍이 마르크스가 지적한 '상품에서 소외되
는 노동'에 대한 한문학적 표현이라고 할 수 있다.
 사용가치란 상품의 질적 가치로, 그 상품의 실질적 유용
도를 의미한다. 교환가치는 한 상품을 다른 상품으로 얼마
만큼 교환할 수 있는가를 따지는 것으로, 상품이 시장과 맺
고 있는 관계적 가치다. 마르크스는 교환가치가 노동자들

의 노동시간으로 환산된다고 본다. 그리고 이 노동시간에서 잉여가치의 개념이 발생한다.

상품의 이윤이란 원가에서 재료비, 인건비, 설비비, 유통비 등 자본가가 부담하는 모든 비용을 뺀 가격이다. 생산자역시 그 사회의 소비자다. 자본가 자신도 다른 자본가들이 시장에 내놓는 상품을 소비해야 생활을 할 수가 있다. 상품의 가격에서 생활비까지 뺀다면 실질적 이윤은 더 낮아지는 셈이다. 따라서 자본가들은 이윤을 더 높일 수 있는 방법을 고심하기 마련이다. 재료비나 설비비는 융통성을 발휘할 수 있는 사안이 아니다. 제품의 완성도와 직결되는 문제이기 때문이다. 융통성이 발휘될 수 있는 사안은 오직 인건비다.

마르크스가 파헤친 자본주의의 비밀은, 교환가치의 단위 화폐라고도 할 수 있는 노동시간에 있다. 고용주는 적정노동량의 가치밖에 생산하지 못하는 노동자를 고용할 필요가 없다. 같은 임금을 주고 쓴다면, 그 이상을 해낼 수 있는 노동자들을 필요로 한다. 노동자들 역시 구비하고 있는 생산력이 곧 경쟁력이기에, 자신의 효율성을 어필하기 마련이다. 즉 적정 임금보다 높은 생산력이 고용주에게 모여드는 것이다. 여기서 잉여가치가 발생한다.

잉여가치의 관건은 똑같은 임금 조건에서 얼마나 더 많은 노동량을 뽑아낼 수 있는가이다. 방법은 같은 노동 시간 동안 더 많은 상품을 생산하거나, 같은 임금으로 노동 시간을 늘리는 것이다. 자본가는 높은 생산력의 노동자를 보유하고 있더라도 후자의 방법을 택한다. 노동 시간이 늘어나니 생산량도 늘어난다. 노동 시간을 기준해서 표현한다면 시급이 줄어드는 것이다. 불합리한 노동 조건이지만 고용주 입장에서는 아쉬울 게 없다. 일자리를 구하려고 모여드는 사람은 얼마든지 있기 때문이다. 이런 이유로 한국의 경제성장기에는 각 공장마다 작업등이 꺼질 줄 몰랐으며, '빨간꽃 노란꽃 꽃밭 가득 피어도' 미싱은 잘도 돌아갔던 것이다.

현대 경제학은 소비에 초점을 둔다. 어떻게든 소비가 이루어져 시장에 돈이 돌아야 경제가 활성화된다. 그 소비가 제대로 이루어지려면 노동자들에게 여가를 즐길 수 있는 적량의 시간과 돈이 주어져야 한다. 게다가 삶의 질과 관련한 제반조건들은 다시 생산력으로 순환되는 문제이기도 하다. 자본가들이 노동자들의 권익에 관심을 기울여야 하는 이유가, 비단 도덕의 문제만은 아니다. 애덤 스미스가 제기한 '이기심'에 가까운 경제원칙이다. 즉 보다 효율적으로 벌기 위해서라도 경영에는 윤리가 필요한 것이다.

'맑스'의 유령들

공산주의가 거의 다 몰락한 시절에 인문학적으로나마 아직도 마르크스가 현재진행형인 이유는, 마르크스가 지적한 문제점들을 어느 것 하나 제대로 해결하지 못한 자본주의이기 때문이다. 『자본론』을 여전히 금서로 인식하는 입장에서는 '빨갱이들의 이론'이라고 치부할지 모르나, 실상 마르크스는 자본가들의 이기심으로 돌아가는 자본주의를 비판했던 것이지, 자본주의 자체를 부정하지는 않았다.

"나에게 연구의 소명은 있으나 돈이 없다면, 나에게 연구의 소명도 없는 것이다."

어록에 묻어나듯, 자본에 대해서도 비관적이지는 않았다. 부르주아의 지위였던 엥겔스의 지원으로 근근이 살아가던 마르크스가 부르주아들의 존재 자체를 부정한 것도 아니다. 마르크스의 시나리오대로라면 군주제와 귀족사회를 무너뜨릴 수 있는 역량은 부르주아들에게 있다. 본격적인 자본의 시대가 도래한 이후, 자본주의의 구조적 모순이

곪아 터지면서 필연적으로 사회주의 혁명이 뒤따른다. 부르주아들에게 저항하는 프롤레타리아 계급이 혁명을 주도하는 서사를 예견했다.

마르크스가 잘못 짚었던 점은, 자본주의의 구조가 혁명의 열기 정도는 가뿐히 견뎌낼 수 있는 유연성과 내구성이었다는 사실이다. 그러나 마르크스 이상에 부합하는 체제가 지구상에 존재했던 적도 없었다. 마르크스와는 다른 환경적 조건에서 혁명을 완수했던 레닌과 모택동이었기에 그들의 이론 또한 다를 수 있는 문제였겠지만, 결과적으로는 공산당원들이 부르주아나 다름없는 특권층이 되어버렸다. 북한은 다시 군주제로 회귀한 것이나 마찬가지였고….

물론 지금의 시대에 마르크스 이론이 맞네 틀리네를 논하는 것은 다소 무의미한 일이다. 그 이후 많은 발전을 거듭해온 경제학이고, 케인즈는『자본론』이 읽어볼 필요가 있는 인문서라는 사실을 인정하면서 경제학서로는 인정하지 않는다. 오늘날의 위상을 감안한다면, 경제에 관한 고전으로 읽어도 되는 텍스트를 여전히 '빨갱이의 금서'로 몰아가는 쪽이나, 그 이론을 여전히 진리로 믿어 의심치 않는 쪽이나 시대착오적이긴 매한가지다. 마르크스도 자신은 마르크스주의자가 아니란 말로써, 융통성 없는 혹은 과도

한 융통성의 오독과 오역들에 대해서는 경계했다.

마르크스의 인문학사적 의의는 역사를 경제적 관점에서 해석했다는 점이다. 그가 변주했던 헤겔을 빌려 표현하자면, 역사는 경제의 자기발전 과정이었는지도 모른다. 그러나 또한 케인즈의 지적대로 경제서가 아닌지도 모르겠다. 경제학으로 분류하기엔 마르크스가 발을 걸고 있는 영역은 정치경제와 법철학, 유물론과 관념론, 철학과 사회학을 아우른다. 그래서 그토록 '맑스'를 연호하던 시절이 있었던 것이지만, 아시다시피 지금은 그런 시대분위기도 아니다.

지식은 권력이다.

예술의 위계

자신을 낟알로 생각하는 정신병자가 있었다. 환자는 정신과 의사에게 닭이 자신을 잡아먹을 것만 같다는 고민을 토로한다. 타이르다 지친 의사는 환자에게 버럭 화를 내면서 말했다.

"당신은 낟알이 아니라 사람이라고!"

그러자 정신병자는 이렇게 대답했다.

"나도 알아요. 하지만 닭도 그 사실을 알까요?"

이 지젝의 유머를 소재로 하는 김영하 작가의 단편소설 「옥수수와 나」는 이상문학상을 받기도 했다. 내가 낟알이 아니라는 사실을 나 혼자만 알고 있어선 소용이 없다. 나에게 부단히 영향을 미치고 있는 닭이 알아야 그도 소용이다. 여기서 닭은 대타자(大他者)적 환상을 의미하며, 개인을 지배하는 상징적 체계다. 어떤 사실이 진실이 되려면 개인이 그 사실을 아는 것만으로는 부족하다. 반드시 담론(타자)의 인증이 있어야 한다.

지금의 시절에야 등단의 이력이 책의 판매부수를 좌지우지하는 것도 아니지만, 아직은 문학이 호황이던 시절에는 등단의 이력이 없는 무명의 소설가들은 자신도 문인이라는 사실을 '진실'로 획득하지 못했다. 자신이 소설가라는 사실을 모르는 대중들이 더 많고, 일반대중들 사이에서도 문단의 인정을 받아야만 문인이라고 인식이 지배적이었다.

문단은 자연스레 신뢰도와 타당도로서의 권력이 되었고, 예비문인들은 심사자들의 기준에 맞추어 글을 쓴다. 심사자에게 인정을 받은 작가들이 다시 문단의 심사자가 되는 반복 속에, 문단의 문체라는 것이 정해진다. 그러나 이도 좋은 시절에나 누릴 수 있는 풍토다. 웹소설 시장이 이토록 성장한 시절에, 올해 어떤 문학상을 누가 받았는지에 대해선 큰 관심도 없지 않던가.

지젝의 유머에서 내가 낱알이 아니라는 사실 그 자체가 중요한 게 아니다. 닭의 판단이 중요하다. 왕따를 당하는 학생이 왕따의 속성을 지닌 것은 아니다. 그를 왕따로 만드는 '관계'가 있을 뿐이다. 그러나 그 비정상적인 관계에 참여하지 않는 학생들조차도 왕따를 피해학생이 지닌 본질로 간주하는 경우들이 있다. 소외된 한 명이 우리의 '밖'이 되는 것으로써 상대적으로 나는 우리의 '안'에 들어와 있는 존재라는, 왜곡된 상징적 관계에서 비롯된 환상이다. 아감벤의 『호모 사케르』가 이 주제이기도 하다. '예외'가 되는 사례가, 예외가 아닌 규칙을 대변한다. '예외'로 벗어난 밖은, 안이 어떠한가를 말해준다.

상징과 환상을 공고히 하는 것은 그것을 규정하는 권력이다. 그런데 우리가 그 권력의 피해자인가 하면, 그렇지도 않다. 우리의 소비 성향만 봐도 알 수 있지 않던가. 우리는 대개 담론의 동조자다. 그리고 담론이 만들어내는 환상을 향유한다.

철학의 수도가 슬로베니아로 옮겨졌다는 말이 나돌 정도로 센세이션을 일으켰던, 아직까진 철학사의 마지막 페이지인 철학자 지젝. 그의 유명세가 시작되었던 분야는 영화비평이다. 지젝이 여느 철학자들과 변별되는 특징 중 하나가 헐리우드 상업 영화를 철학으로 해석해낸다는 점이다. 그에겐 '죽기 전에 봐야 할' 같은 분류 기준은 존재하지 않으며, 예술적 평점으로 위계를 나누는 짓 따위는 하지 않는다.

그의 영화평론이 뽑은 최고의 영화는 《슈렉》으로, 그의 마음을 사로잡은 것은 '동화 비틀기' 코드다. 대중들이 익히 알고 있는 고전의 스토리텔링에 대한 현대적이고도 유머러스한 전복과 재배치는, 이제는 하나의 코드가 되어버린 재해석 방법이기도 하지만 인문학이 나아가야 할 방향성을 제시한 사건이기도 하다.

물론 고전의 가치를 철학적으로 규명해내는 것은 가치있는 작업이다. 문제는 과도한 과거로의 지향성이 자의적인 위계를 만들어 낸다는 점이다. 이는 영화 《미드나잇 인 파리》가 여실히 보여주고 있다. 그리고 현대를 살아가는 일부 지식인들이 지니고 있는 지성에 대한 강박이기도 하다. 그들에겐 카프카와 톨스토이의 것만이 소설이고, 랭보와 보들레르의 것만이 시이다.

해체의 모순

한 시사예능 프로그램에서 제작진이 연출했던 한 실험. 개그맨이 아무렇게나 그린 그림을 유명갤러리에 전시했더니, 그림을 감상하는 이들 모두가 그것을 전문가의 그림이라고 판단했다. 전문가들에겐 이런 오류가 없을까? 유명갤러리의 권위가 아닐지언정, 감상하는 이들에게 강박으로 작용하는 선행 지식들이 분명 존재한다.

예술은 여전히 대중의 솔직한 감흥으로 해석되는 것이 아니라 전문가들에 지식에 기반해 '해독'되는 것이며, 그 지식과 소양으로 지식인들의 지위가 유지된다. 예술이 감상의 대상이었던 시절이 있었을까? 언제나 헤게모니와 이데올로기의 소산이지는 않았을까? 현대예술은 이런 촌스러운 작태에서 벗어나고자 화장실의 소변기를 떼어다가 갤러리에 전시를 했지만, 전문가들은 기어이 그에 맞는 사조와 경향을 급조해내기에 이른다.

아방가르드와 다다이즘은 예술계의 권위에 저항하는 예술계의 자성적 목소리였다고 한다. 같은 이유에서 마르셀 뒤샹은 소변기의 적소성을 화장실이 아닌 갤러리에서 찾았지만, 이 진보의 사조들이 또 하나의 권위로 존재하게 되면서 예술이 점점 난해한 코드로 전개되었다는 점이 그들의 한계였다.

액션페인팅 같은 미술은 그림에 조예가 없는 사람들도 얼마든지 따라할 수 있을 것 같다. 잭슨 폴록은 어느 정도 계획 하에 물감을 흩뿌린다고 말했지만, 솔직하니 물감이 떨어지는 우연성에 무슨 작법이 있고 화풍이 있겠는가. 그러나 이 우연성에도 권위가 존재한다. 실상 '최초의 시도'라는 상징적 의미 이외에는, 잭슨 폴록의 우연에 더 큰 가치를 부여할 하등의 이유가 없다. 어린 꼬마의 우연성 속에서 천재성을 발견하는 미술계의 캐스팅도 생각해보면 웃긴 일이다. 대중들이 보기에는 제 자식도 저 정도는 그릴 수 있을 것 같은데, 미술계의 인정 하에 그 아이는 천재가 된다.

행위예술가의 퍼포먼스를 아무리 이해해보려 해도 이해가 가지 않는다면, 이해하지 않아도 된다. 이해가 가는 사람만 이해하면 그만이지, 누구에게나 이해되어야 하는 당위의 의미부여가 도리어 시대착오적이다. 차라리 대중은 모던이 거부했던 고전 예술작품에는 경탄을 쏟아낸다. 특정 사조에 매몰되어 있는 그림일지언정, 그건 누가 봐도 잘 그렸기 때문이다. 반면 '탈(脫)'의 주제에만 집착하는 경우들은, 대중들이 보기엔 예술 감각이 전혀 없는 졸부들의 허세처럼 느껴지기도 한다.

해체의 철학자 데리다는 묻는다. 진보를 자처하는 지식인들이 정말로 지식의 해방을 위해서 존재하는 것인지, 아니면 그저 이름만 바뀐, 시대착오적인 계몽의 사조인지를…. 대중들을 전혀 설득하지 못하는 문법을 고수하면서까지 자신들의 리그를 지키려드는 신념이 과연 예술일 수 있을까? 대중들의 감각과 다른 길을 걷는, 예술가들의 신념만을 위한 예술이 예술일 수 있을까? 물론 그것이 진정한 예술일지도 모른다. 그러나 베토벤과 비틀즈는 여전히 대중적이고, 루쉰과 연암의 소설은 여전히 재미있으며, 미켈란젤로와 렘브란트의 작품은 영원히 누구에게나 아름다울 것이다.

데리다의 해체는 기존의 권위에 대한 해체를 이르는 것만이 아니다. 해체를 했다는 자의식에 젖은 권위 역시 해체되어야 한다. 해체를 설명함에 데리다의 권위에 기대고 있는 이 글 역시 해체되어야 한다는 모순. 예술은 그저 보고 듣고 느끼는 것이지, 언어적 지식으로 한계 지을 수 있는 영역이 아니라는 점에서, 모든 작가들은 예술가가 아닌지도 모른다. 더군다나 그 언어의 우열에 따지고 있는 작태는 언급할 가치도 없는 경우들이다.

예술에 대한 벤야민의 입장은, 명예란 대중들의 중지가 모인 결과이지, 예술가와 평론가들끼리 부여하고 계승할 성질이 아니라는 것이다. 예술은 그것이 지니고 있는 절대적 가치로 판단되는 것이 아니라, 감상자들에게서 완성되는 것이다. 선지식에 얽매이지 않는, 순간 자체를 즐길 수 있는 사유가 도리어 예술가적 자아를 가능케 하는 자유다. 누군가에겐 무라카미 하루키의 소설보다 미야자키 하야오의 애니메이션이 더 가치 있는 예술인지도 모른다.

저자의 죽음

담론 안에서의 자기들만의 리그. 그 폐쇄성의 대표적인 사례가 아이유와 『나의 라임오렌지 나무』가 아니었을까? 당시의 컨셉명인 'Chat shire'는 『이상한 나라의 앨리스』의 챗셔 고양이에서 따왔단다. 웃음만 남기고 몸은 사라지는 고양이는, 지젝의 『신체 없는 기관』에서 이런 담론의 폐해를 지적하는 사례이기도 하다. 그렇듯 담론이라는 것은 실체가 없어도 작동을 한다.

원작자에게도 권한이 없다는 해석의 문제. 자크 데리다의 '해체'로 대변되는 현대 철학과 현대 예술의 관점이다. 텍스트를 대하는 대중들의 소회가 더 중요한 관건이라는 것. 일부 문인들과 문화평론가들의 순수한 신념도 다소 현대적이지는 못한 셈이다.

우리가 같은 글을 읽고도 서로 다른 해석을 지니게 되는 이유는, 독법 자체가 다르거나, 그 행간을 대하는 정서가 다르기 때문이다. 그 저자가 데리다라고 한들 그의 브랜드를 감안하면서 그의 이야기를 노상 수긍할 필요도 없고, 데리다 전공자의 데리다 해석이 모범답안인 것도 아니다. 또한 독자마다의 해석이 있는 것이고….

롤랑 바르트가 말한 '저자의 죽음'으로 잇대어 보자면…. 독자들이 소설가의 의도대로만 소설을 이해하는 게 아니다. 소설가가 묘사하고 있는 어느 골목을 독자 개개인이 겪은 어느 골목에 관한 기억으로 그 심상을 대신한다. 활자의 묘사가 담고 있는 심상을, 독자는 개인적으로 체험한 풍경들로 대신 채운다. 니체의 말마따나, 모든 게 해석이다.

세상 밖으로

'나'를 기획하다.

토르의 묠니르는 망치라고 해야 할까? 해머로 봐야 할까? 여튼 못을 박거나 벽을 허무는 용도가 아닌 상해의 목적을 지니고 있다. 방패의 상식적 기능은 방어이지만, '퍼스트 어벤져'에겐 공격용으로 날아가는 방패이기도 하다. 도구의 효용이란 것도 전체의 계열 속에서 규정되는 하나의 맥락이다. 하이데거의 용어를 빌리자면, '존재 이해'에 의한 '유의미화'다. 도구적 기능은 애초부터 정해져 있지 않다는 이야기다. 담뱃불을 붙이는 라이터로 따지는 병마개들이 얼마나 많던가.

도구는 그 자체로 고립되어 존재하지 않는다. 망치는 못을 박기 '위해', 못은 벽에 박혀 무언가를 걸기 '위해' 존재한다. 병따개, 지게 같은 것들은 아예 이름마저도 쓰임에 종속된 것들이다. 하이데거 철학에서 언급되는 '도구'는, 우리가 세계를 목적론적으로 인식한다는 함의다. '집을 본다'는 건, '하우스'적 사물에 '홈'의 가치체계를 투영하는 것이기도 하듯, 사물은 그것의 목적성을 지시하고 그 사물을 바라보는 시선에는 목적성이 담겨 있다.

세상을 바라보는 시선도 언제나 '쓸모'의 목적성에 포커스가 맞춰지고, 우리는 항상 '쓸 것'이 되어야 한다. 세상의 기대에 미치지 못하는 순간, 자신의 잉여적 속성에 대한 자책으로 방황이 시작된다. 그리고 그 쓸모의 범주를 넓히고자 자기를 계발시켜 준다는 책을 집어 든다.

그러나 하이데거는 존재의 의미를 '기능'으로써 이해하는 목적론적 인식에 대해 물음을 제기한다. 사회의 한 기능으로써 존재하고자 하는 욕망이 잘못된 것은 아니지만, '세상'으로 설정된 범주가 과연 타당한가를 묻고 있다. 더군다나 그 기준을 누가 제시한 것이냐에 대한 물음이 앞서야 한다. 우리가 늘 입에 달고 사는 '세상'이란, 지평이 닿는 곳까지의 세계일 뿐, 세상 그 자체인 것도 아니다. 지평의 한계를 넘어서지 못하고 그 경계에 부딪혀 자신에게로 되돌아오는, 이미 대답을 정하고서 스스로에게 묻는 존재 물음이다.

하이데거는 도구와 용도의 관계를 재정립한다. 우리를 규정짓는 용도라는 것은 없다. 존재의 의미와 목적은 미리 규정되는 것이 아니라, 삶의 순간순간 적소의 가능성을 재발견하는 것이다. 그때그때마다의 적소성은 가변적이다. 실존의 의미는 미리 지정된 목적에 한정되는 것이 아니라, 맞닥뜨린 맥락에 따라 재지정하는 것이다. 하이데거는 '나'라는 지평을 정해져 있는 것으로 보지 않는다. 그것은 내 스스로 '기획'하는 것이다.

실존은 본질에 앞선다.

"가란다고 진짜로 갈 놈이라면, 가버려."

《조제, 호랑이 그리고 물고기들》에서의 대사. 가버리라고 윽박을 지르기에 가는 것인데도 욕을 먹는다. 진심은 아닐 거는 생각으로 버티고 있다간, '가란 말 못 들었어?'라는 말이나 들어봐. 어떤 선택이든 어차피 욕은 먹게 돼 있다. 하버마스의 말마따나, 의사소통의 방식은 체계적으로 왜

곡되어 있다.

남자와 여자의 언어는 다르다고 하지 않던가. 단어의 의미가 다른 게 아니라, 단어를 둘러싸고 있는 맥락이 다른 것이다. 소쉬르의 구분에 따르면, 랑그(langue)는 소통의 도구로서 언어가 지니고 있는 구조다. 이는 무시간적이다. 파롤(parole)은 그 랑그를 전제하는 실제적인 언어생활을 이른다. 이를테면 '잘 하는 짓이다!'에서의 '잘 하는 짓'이 'good job'의 찬사는 아니지 않던가. 이렇듯 어감과 뉘앙스 등의 시간성을 지니는 경우를 일컫는다.

그런데 '잘 하는 짓이다'가 'good job'의 맥락이 아니라는 사실도, '잘 한다'는 의미로서의 'good job'이 전제되어야 생성 가능하다는 것. 다시 말해 '잘 하는 짓이다'가 '잘 한다'의 의미가 아니려면, '잘 한다'는 의미로서의 공시적 언어 구조가 선행해야 한다. 이게 랑그다.

'놀고 있네!'의 문장이 결코 play의 의미는 아니지 않던가. 비트겐슈타인의 언어철학은 이런 맥락에 관한 주제다. 단어의 의미는 고정되는 것이 아니라 맥락에 따라 언제든지 바뀔 수 있다. 그렇듯 본질이라는 건 미리 지정되는 성격이 아닌 맥락 속에 규정된다는 것이, 니체 이후로의 현대 철학이 다루는 주제이기도 하다.

본질을 주장하는 담론들이 왜 문제가 되는가 하면, 그 안에서 우열과 배제의 명분이 발생하는 경우가 있기 때문이다. 이를테면 여전히 잔존하는 인도의 카스트 제도 같은 경우, 정말로 브라만과 수드라의 본질이 따로 있을 리 없지 않은가. 플라톤도 아리스토텔레스도 노예제도에 관해서는 별 이견이 없었다. 심지어 '마땅한' 것으로 '증명'하기도 한다. 본질에 관한 히틀러의 신념에도 독일민족의 우월성이 자리하고 있었다. 아울러 혈액형과 성격의 상관을 설명하는 담론이 등장한 시기이기도 하다. 게르만 민족은 피부터 달라야 했던 것이다. 이걸 일본이 가져다 쓴 이후로 오늘날까지도 극동 아시아의 대중들에게서는 은근히 유효한, 본질에 관한 미신이기도 하다.

때에 따라 같은 단어에 부여하는 의미가 달라지듯, 혹은 같은 단어로부터 각자가 상기하는 이미지가 서로 다르듯, 소통의 도구조차 미리 지정된 일원화의 체계인 것만도 아니다.

실존은 본질에 앞선다고, 사르트르는 말했다. 어떤 본질로서의 규칙이 미리 존재하는 게 아니다. 각각의 타인은 저마다의 규칙으로 해석하는 각자의 세계를 살아갈 뿐이다. 초등학교 동창의 너무도 달랐던 미래, 차이를 인정할 줄 알았던 사유는 철학자 비트겐슈타인이 되었고, 차이를 인정하지 않는 본질로의 집착은 전범 히틀러가 되었다. '차이'와 '관점'에 관한 니체의 철학을 되레 저 자신의 이데올로기로 왜곡하기도 했던 그 본질이라는 것.

기러기

미운 오리 새끼는 과연 백조가 되었을까? 키에르케고르는 다른 해석의 동화에 빗대었으니, 주인공은 기러기다. 거위들 사이에서 살아가던 기러기는 끝내 자신이 기러기란 사실을 자각하지 못한다. 되레 거위들의 생태에 순응해버린, 체념의 시선으로 하늘을 바라본다.

키에르케고르는 다음과 같은 말로 정리한다.

"거위는 절대 기러기가 될 수 없으나, 기러기는 곧잘 거위가 되어 버린다. 경계하라!"

거위들 사이에서의 기러기에 대한 품평이 맞을 리가 있겠는가. 기러기는 기러기들 사이에 던져지고 나서야 자신이 어떤 기러기인지도 깨달을 수 있을 터, 거위들 사이에서의 기러기는 언제나 '부족한 거위'일 뿐이다.

질투에 관한 키에르케고르의 정의, 평등화에서 벗어나는 모든 것을 수평화하려는 노력. 어쩌면 백조가 날아오를 어느 날에 대한 거위들의 질투는 아닐까? 너무도 특별한 당신이라서, 모여드는 웃음과 호의 뒤에 숨기고들 있는 기만과 위선, 혹은 대놓고 드러내는 조롱과 폄하가 당신을 딱 그 정도에 머물게 하고 있는 것인지도 모른다.

중국 고전에서 심심치 않게 인용되는 '백락(伯樂)'이라는 인물이 있다. 말(馬) 감정을 잘 했다는 전설의 감별사로, 그가 한 번 눈길을 준 곳에선 항상 명마가 탄생했고, 말의 값이 배로 뛰었다. 당나라의 문호 한유(韓愈)는 「잡설(雜說)」이란 글에서, 천리마가 보통말과 함께 지내면 보통보다도 못한 말이 되는 연유를 설명한다. 하루에 천리를 갈 수 있는 능력을 지녔기 때문에, 먹이의 양도 여느 말들과는 달라야 한다. 하지만 여느 말들과 같은 양을 먹다보니, 자신의 능력을 다 펼칠 수가 없고, 되레 보통 이하의 취급을 받게 된다.

'퇴고(推敲)'의 고사로도 유명한 한유는, 중국문학사에서는 메이저급 문인이다. 그러나 저 자신은 합당한 시대의 평가를 받지 못했다고 생각했다. 그래서인지 자신의 처지를 가탁해 쓴 글들이 널리 알려져 있다. 저 자신은 적토마인데 끝내 여포와 관우를 만나지 못하고, 먹이만 축내는 골칫거리로 전락하여 마구간 한 구석에서 말고기가 되기 직전이라는 식의 푸념이다. 자신의 복음을 알아들을만한 귀들이 없다던, 니체와 비슷한 경우랄까?

질기게 들러붙는 권태를 따돌릴 수 없다면, 도저히 자신의 존재의미를 해명되지 않는 삶이라면, 노는 물과 룰을 바꿔볼 필요도 있다. 다이아몬드 원석이 맥반석과 뒤섞여 오징어를 굽고 있는지도 모를 일, 이 체계 내에서는 오로지 오징어를 잘 못 굽는다는 사실이 절망이다. 어쩌면 그대가 욕망해야 할 건 가스불 위에서의 원적외선이 아닌, 자기 안에서 산란하는 빛인지도 모른다. 원석은 감정사 곁에서 비로소 아름답게 빛날 수 있고, 그렇지 않으면 부싯돌도 되지 못한다.

인식론적 단절

막스 플랑크는 흑체복사에 관한 연구 과정에서, 고전물리학으로는 도저히 풀리지가 않길래 그냥 한 번 양자(量子)의 가설을 대입해 봤더니 실험결과와 일치했다. 그러나 그게 왜 그렇게 되는지를 이해할 수 없었던 그조차도 본인이 수학적 장난을 쳐서 얻은 결과일 뿐이라고 생각했다. 양자 역학의 아이디어를 제시한 과학자이지만, 불확정성 원리에 관해서는 끝까지 아인슈타인의 편이었다.

설명이랍시고 써놓은 글이지만, 흑체복사와 양자 개념이 어떤 연관성인지는 나도 잘 모른다. 다만 바슐라르의 '인식론적 단절' 개념을 설명하고자 들어 쓴 사례일 뿐이다.

아인슈타인은 학창시절에 물리 과목을 잘 이해하지 못했단다. 그래서 상대성 원리로 패러다임을 바꾸는 일도 가능했던 것이라는 설을 어디서 주워들은 적이 있다. 바슐라르는 기존 체계와 단절을 통한 비약적 발전에 관한 이야기를 하고 있다. 이 단절에 잇대는 새로운 패러다임은 상상의 힘이다.

"인간은 욕망의 창조물이지 결코 욕구의 창조물이 아니다."

바슐라르는 욕망을 꿈의 범주로, 욕구를 현실의 범주로 구분한다. 현실은 기존 체계로 유용성이 확인되는 경계까지이고, 그 너머로 나의 열망이 가닿는 모든 영역이 꿈이다.

"항해의 유용성은 선사 시대의 인간들이 통나무배를 파도록 결정할 만큼 명쾌하지 않다. 어떤 유용성도 바다로

나가는 거대한 위험을 무릅 쓰게 하지 못한다. 항해에 과
감히 나서는 데는 강력한 흥미가 필요하다. 참으로 강력
한 흥미란 몽상적인 흥미다. 그것은 꿈꾸는 흥미이지, 계
산적인 흥미가 아니다. 그것은 신화적인 흥미다."

지구가 둥글다는 사실을 몰랐던 인류가 거대한 위험을
무릅쓰고 수평선 너머로 나아간 이유가 항해의 유용성 때
문은 아니다. 그 너머를 갈망하는 꿈이 그들을 세계의 끝으
로 몰아갔고, 점점 뒤로 밀려나는 경계를 앞지른 순간에 비
로소 새로운 시작을 발견했다. 유용성 너머에는 내밀한 꿈
이 있다. 바슐라르는 이런 열망을 계산적인 것이 아닌 '신
화적'인 것이라 표현한다. 이제껏 '있어온 역사'를 살았지
만, 신화가 되기 위해서는 이제부터 '있어야 할 역사'를 살
아야 한다.

바슐라르에 따르면 '공간'과 '장소'는 다른 개념이다. 우
리에게 감지되고 우리가 직접 참여하는 공간의 경계까지
만이 '장소'다. 바슐라르는 촛불에 비유한다. 스스로를 태
워 자신의 채도와 명도로 창출해내는 영상, 빛이 닿아 시선
이 될 수 있는 경계까지가 하나의 세계다. 자신의 지평을
빨아들여 불꽃으로 타올라 빛으로 점하는 곳까지가 나의

세계다.

'존재하는 것은 지각된 것이다.'

버클리가 남긴 근대 경험론의 극단적 표현은 해석하기에 따라 사뭇 현대적이기도 하다. 지각의 범주를 넓히는 일은, 존재를 생성하는 창조이기도 하다. 관습 혹은 타성으로 굳어버린 어둠의 시간은 공간의 빛으로 사라져야 한다. 이전까지의 자신은 모두 불살라 버려야 한다. 불꽃이 되어야한다. 그 열망으로부터 나온 빛은 불꽃에 머물지 않는다. 빛은 불꽃을 새로운 방향으로 이끈다.

에필로그

비로소 존재한다.

서양철학사의 거의 모든 매뉴얼들을 둘러본 이후의 소회는 바다를 마주한 허생의 그것과 비슷하다. 할 줄 아는 것이라고는 글공부 밖에 없는 무능한 선비 허생은, 아내의 성화에 못 이겨, 천한 것들이나 하는 장사로써 경제적 부를 이루어낸다. 부를 창출한 방법론은 조선의 건강하지 못한 경제를 십분 활용한 매점매석이었다. 허생은 자신이 이룬 부의 반은 바다 속에 던져버리고, 나머지 반은 가난한 이들에게 나누어 준다. 자신의 '작은 시험'이 끝났다는 소회에 잇대어진 결론은 조선 사회가 안고 있는 병폐의 근원이 '글'이라는 점이었다. 민초들의 구체적인 삶의 현장을 돌보지 않는, 이론과 명분만 난무하는 조선 사회의 한 증상이 자기 자신이기도 했다.

내게는 '작은 시험'이었던 그 모두가, 결국엔 버리고 가야할 뗏목인 것 같다. 철학이란 게 그렇다. 세상을 바라보는 지평이 넓어지긴 하지만, 그 지평이 삶의 문제해결력으로 직결되는 것도 아니다. 가장 심도 있는 철학은 역시 직접 삶으로 겪어보는 것뿐이다.

우리는 종종 자신의 인생에 대한 해답이 책에 적혀져 있을 것이라고 기대하고, 모범답안이 적혀 있다는 책을 집어든다. 그리고 책은 대중들의 바람대로 선명한 '체계'를 실어 놓는다. 그 체계의 방법론대로 하면 무엇이라도 이루어낼 수 있을 거라는 듯…. 키에르케고르는 '모든 것에 대한 안내서'의 문제점으로, 그 '집합적 사고의 김빠진 일반성'을 맹신하는 '핏기 없는 보편자'들의 '열정 없는 반성'을 지적한다. 조언은 그저 조언일 뿐이다. 그마저도 조언자 자신은 경험하지 못했거나, 자기 경험에만 비추어 쏟아낸 실언인 경우들도 많지 않던가.

그 어떤 책에도 개인의 인생에 대한 지침은 적혀 있지 않다. 북극성은 늘 그 자리에 있지만, 모든 사람의 지향성이 북극점을 향해 있는 것도 아니거니와, 각자의 편차로 벌어진 방위각은 스스로 대처해야 할 문제다. 그 대처의 양상이 한결 같은 것도 아니다. 어느 위도와 경도를 걷고 있느냐에 따라 달라지기도 하며, 때론 목적지가 바뀌기도 한다. 철학은 독도법이지 나침반과 지도 자체가 아니다.

벤야민이 지적하는 정보사회의 문제점은, 공유되는 정보가 너무 많다는 사실이다. 너무 많은 간접 경험의 정보에 의해 직접 경험의 가치가 하락한다. 직접 경험을 하지 않아도 수많은 '타자의 담론'으로 대신할 수 있다. 그러나 결국엔 수많은 타자의 견해들일 수밖에 없는 정보들이다. 여기서 파생되는 더 큰 문제점은 자신만의 스토리텔링이 사라진다는 것이다.

아브락사스를 찾아서 날아가려거든, 세계의 껍질 정도는 스스로 깨야 하지 않겠는가. 누군가가 껍질을 깨주는 경우엔, 후라이가 되는 경우일 가능성이 높다. 철학은 그 '깨는' 주체적 행위를 '깨우침'의 기점으로 삼는다. 생각하라! 그리고 행위하라! 그런 후에야 비로소 존재한다.

철학으로의 초대

초판 인쇄   2025년 12월 8일

글   민이언
발행인   민이언
디자인   박은정
표지그림   조명옥

발행처   미드나잇 인
출판등록   2025년 10월 14일 제2025-000092호
주소   서울 관악구 신림동5길 17 원오피스텔 201호

이메일   kemsan@naver.com
블로그   blog.naver.com/midnihgt_in
인스타그램   instagram.com/midnight_in_book

ISBN   979-11-995736-0-4 03100